12の菩提心

魂が最高に輝く生き方

三宝出版

月の心

隣人《りんじん》をひそやかに
陰《かげ》で支えることができる、
陰徳《いんとく》の心の菩提心《ぼだいしん》

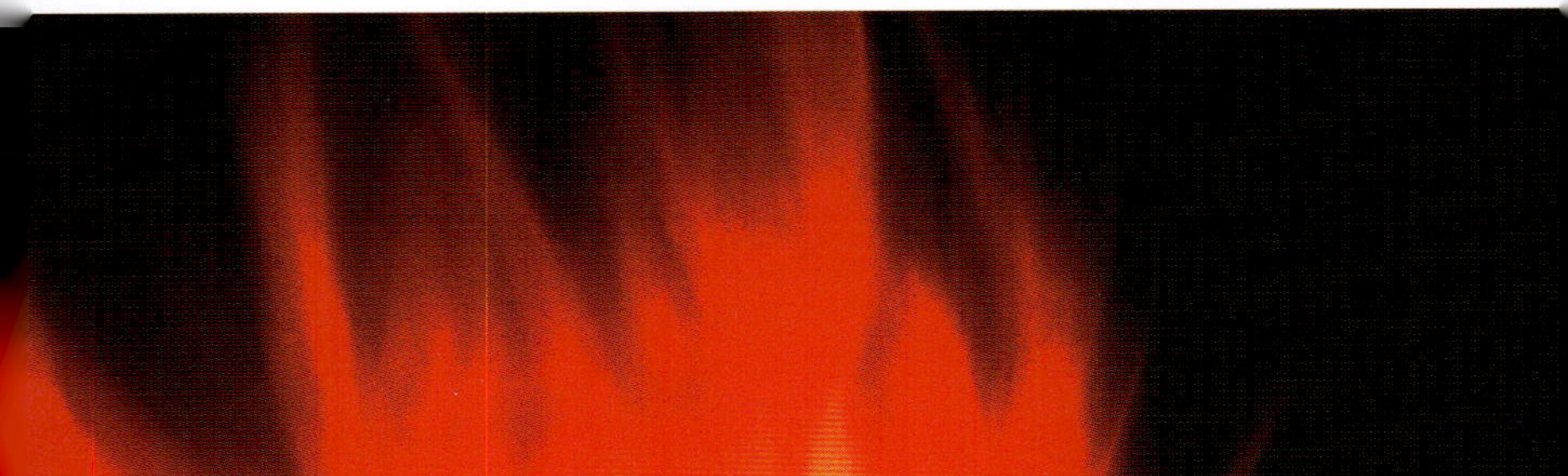

火の心

本当に大切なものに
一心《いっしん》にまごころを尽《つ》くす、
熱き心の菩提心《ぼだいしん》

空《そら》の心

何ごとにもとらわれず、
無心に生きる
自由な心の菩提心《ぼだいしん》

山の心

いかなる苦難や試練にも
揺《ゆ》らぐことがない、
不動の心の菩提心《ぼだいしん》

稲穂《いなほ》の心

実《みの》るほどに頭《こうべ》を垂《た》れる、
黄金《こがね》の「稲穂」のごとき、
感謝の心の菩提心《ぼだいしん》

泉の心

道なきところに
道を切り開き、
不可能を可能にさせる
ことができる、
智慧《ちえ》の心の菩提心《ぼだいしん》

川の心

一切の
とらわれやこだわりを
洗い流すことができる、
清らかな心の菩提心《ぼだいしん》

大地の心

大地のごとく、
あらゆる存在を育《はぐく》み、
その可能性を
開花させることができる、
子を育てる
「親の心」の菩提心《ぼだいしん》

観音《かんのん》の心

相手の苦しみを
全身全霊《ぜんしんぜんれい》で受けとめ、
その痛みを
取り除《のぞ》こうとする
慈悲《じひ》の心の菩提心《ぼだいしん》

風の心

誰《だれ》の心にも
我意《がい》を超えた
願いを蘇《よみがえ》らせる、
颯爽《さっそう》とした「風」のような
無垢《むく》な心の菩提心《ぼだいしん》

海の心

あらゆる個性を包容《ほうよう》して、
全体を
一つに結ぶことのできる
広き心の菩提心《ぼだいしん》

太陽の心

いかなる闇《やみ》をも照《て》らし、
いかなる寒さをも和《やわ》らげる、
「太陽」のような
愛の心の菩提心《ぼだいしん》

12の菩提心

——魂が最高に輝く生き方

はじめに
世界を輝《かがや》かせる「菩提心《ぼだいしん》」

《乾《かわ》いてゆく世相《せそう》の中で》

世の中がどこか潤《うるお》いを失って殺伐《さつばつ》としてきたことを感じている人は、少なくないのではないでしょうか。

それは、誰《だれ》もが目を背《そむ》けたくなるような無差別の殺傷《さっしょう》事件や、親を手にかける子どもたちの事件が繰《く》り返されていることだけではありません。

もともと他者との関係を大切にし、「和《わ》」を重んじてきた私たち日本人――。その私たちが、今、自分のことだけで精《せい》いっぱいになり、他人《ひと》のことや周囲のことを思いやったり、全体のことを考えて行動したりすることができなくなっています。そんな生き方は、過去のものになりつつあると多くの方が感じているのです。

物価が日に日に上昇するような暮らしの中では、他人のことなど構《かま》っていられないという気分もあるでしょう。成果主義が取り入れられた職場でも、受験や就職の競争がついてまわる学校でも、誰もが自己実現を優先し、自分のことだけを考えて行動せざるを得なくなっているのかもしれません。そして私たちは、これからますます、そのような生き方が主流になってゆくと思っているのではないでしょうか。

《今こそ「菩提心《ぼだいしん》」が必要な時代》

けれども、それならば逆に、そういう今だからこそ、私は、その「自分」をはみ出してゆくような心――「菩提心」が絶対に必要だと力説《りきせつ》したいのです。

「菩提心」とは、もともと仏教で「菩提＝悟《さと》りを求める心」のことを指《さ》す言葉です。大《だい》乗《じょう》仏教においては特に、悟りを求めることで世の人々を救おうとする心であることを強調しています。私は、その精神を受けとめつつ、さらに広く、「菩提心」とは「本当の自《みずか》らを求め、他を愛し、世界の調和に貢献《こうけん》する心」と定義《ていぎ》したいと思います。「菩提心」は、自分を成長させ、完成させようとするだけでなく、それ以上に、その自分をはみ出して、他を想い、全体のためにはたらこうとする心なのです。

そして、考えてみるならば、そのような「菩提心」こそが、いつの時代にも私たち人間の前に大きく立ちはだかった壁《かべ》を乗り越える鍵《かぎ》となってきたのではないでしょうか。いいえ、過去のことだけではありません。現在、私たちの時代が抱《かか》える巨大な問題――例えば、地球温暖化の問題でも、世界の貧困《ひんこん》問題でも、格差《かくさ》社会の問題でも、究極《きゅうきょく》のところ、この「菩提心」がはたらかなければ、本当の解決に向かってゆくことはできないのです。私たちの人生と世界が本当に輝《かがや》くために不可欠《ふかけつ》のもの――。それが「菩提心」にほかなりません。

《私たちの中に眠っている「菩提心《ぼだいしん》」を呼び覚《さ》ますために》

困《こま》っている人がいるならば「できれば助けたい」、行き詰《づ》まっている事態があるならば「どうにか道をつけられないか」……、自然にそう思える私たちがいます。痛みあるところには癒《いや》しを、混乱の現実には秩序《ちつじょ》を、停滞《ていたい》した状況にはその活性化《かっせいか》を願う私たちがいます。

その一つ一つの想いはささやかでも、それが「菩提心」の原石《げんせき》だと私は思うのです。大切なことは、誰《だれ》もがその原石を自分の中に抱《いだ》いているということではないでしょうか。どんな試練にも屈《くっ》しない勇気と、どんな困難にも道をつける叡智《えいち》、どんな違いをも受けとめる包容力《ほうようりょく》を備《そな》えた「菩提心」が、私たちの中に息《いき》づいているのです。

そして、私たち人間は、様々な個性に満ちた存在です。ならば、その個性に満ちた一人ひとりの中から輝《かがや》き出す「菩提心」の輝きも、一面的なものではないはずです。人間の様々な可能性、光の側面を総合する多様《たよう》なものと言えるでしょう。

本書の中で、私は、その菩提心が放《はな》つ様々な輝きを「12の心」に託《たく》しました。

「月の心」「火の心」「空《そら》の心」「山の心」「稲穂《いなほ》の心」「泉の心」「川の心」「大地の心」「観音《かんのん》の心」「風の心」「海の心」「太陽の心」――。

その多くは、私たち日本人が古来《こらい》より心を寄せて親しみ、生き方をも学んできた自然の姿です。大切なことは、私たちの中にそのすべての心が潜《ひそ》んでいるということです。

ダイヤモンドの原石のように、私たちの心の奥に眠っている「菩提心」――。本書に示した「12の心」を想い念じるだけで、私たちは「菩提心」への扉《とびら》を開くことができます。そして、その一つ一つを丁寧《ていねい》になぞり、私たちの内に息づく「12の心」のかけらを摑《つか》んで磨《みが》いてゆくならば、それは必ず、まばゆい輝きを放つようになります。

一つの輝きが放たれることで次の輝きが引き出され、一つ一つの菩提心の輝きが満ちてゆくに従って、自由ですがすがしく、エネルギッシュで忍耐《にんたい》強く、慈《いつく》しみと包容力に満ちて、謙虚《けんきょ》さを少しも失わない、そういうあなたが現れてくるのです。

そしてそれは、心の奥に広がる私たち人間の本体の次元——魂《たましい》の次元が開かれてゆくことでもあります。永遠を知り、無限に応《こた》える魂の力が引き出されてゆく歩みなのです。

「菩提心」は、私たちが願う未来にとって、なくてはならない一人ひとりの中心であり続けます。本書があなたの「菩提心」を引き出す「縁《えん》」になり、そこから放たれた輝きが世界に新たな現実を生み出すことになるなら、それは私にとって、望外《ぼうがい》の歓《よろこ》びです。

あなたとあなたの人生が、「菩提心」という変わらぬ中心を抱かれることを心より祈念《きねん》して——。

二〇〇八年十月

高橋佳子

目次

はじめに――世界を輝かせる「菩提心」

月の心

火の心

空の心

山の心

稲穂の心

泉の心

川の心

大地の心

観音の心

風の心

海の心

太陽の心

あとがきにかえて――「菩提心発掘」のさらなる手がかり

付録

月の心

隣人をひそやかに陰で支えることができる、
陰徳の心の菩提心

◇豊かに大きい透明《とうめい》な光

「月」の姿をゆっくりとご覧《らん》になったことがあるでしょうか。

夜空にひっそりと佇《たたず》み、透明な光を放《はな》って静かに輝《かがや》いている「月」。夜、眠りについた人々を見守るように優《やさ》しい光で包《つつ》み込んでいる「月」――。

そんな「月」を見ていると、私たち自身の静寂《せいじゃく》が深まり、心が澄《す》みきってゆくように感じます。

「日」が「太陽」を表しているように、「月」は、かつて「太陰《たいいん》」とも呼ばれていました。月の満ち欠けによる暦《こよみ》を太陰暦《れき》と呼ぶのもそのためです。

「太」には「豊かに大きい」「はなはだしい」「第一番」などの意味があります。とは言っても、「太陽」＝「日」が大いなる光で、「太陰」＝「月」が大いなる闇《やみ》ということではありません。「光」にも「陰陽《いんよう》」があって、強さや熱をもった「陽」の「光」の中で、とりわけ大きな存在が「太陽」であり、透明で優しさを湛《たた》えた「陰」の「光」の中で、とりわけ大きな存在が「太陰」であるということなのでしょう。

実際、私たちは、太陽が昇《のぼ》ってくると、次第に暖かくなってくることを感じます。また、火を焚《た》いても、電灯を灯《とも》しても、やはり私たちはその光に熱や力を感じます。光からの直接的な働きかけを感じるのです。

しかし、「月」が昇ってくるのに伴《ともな》って、暖かくなってゆくように感じたという人はおそらくいないでしょう。熱を伴わない「月」の光は、ことのほか涼《すず》やかで、透明なものに感じられます。

面白《おもしろ》いことに、「月」の直径は太陽のわずか四百分の一なのですが、地球と「月」の距離もまた、地球と太陽の距離の四百分の一であるため、地上では、「月」と太陽がほぼ同じ大きさに見えることになります。

「月」が太陽を覆《おお》い隠《かく》す日食《にっしょく》で、太陽と「月」が完全に重なる皆既《かいき》日食が起こったり、太陽のふちがわずかに残る金環《きんかん》日食が起こったりするのも、そのためです。

偶然にしてはあまりに不思議な巡《めぐ》り合わせの中で、まさに「太陽」「太陰」と並び称《しょう》せられるにふさわしい二つの大いなる光が、私たちを照《て》らしているのです。太陽とは異《こと》なる、透明で優しい光のままに、太陽に負けず劣《おと》らず豊かに大きく存在する——。そのようなところにも、「月」の「月」たる所以《ゆえん》があるのではないでしょうか。

◇「月」に心惹《ひ》かれてきた人間

そして、そのような「月」に、私たち日本人は特別の親しみを抱《いだ》いてきました。お月見《つきみ》の習慣を持ち、『万葉集《まんようしゅう》』の昔から、数多くの歌や句に詠《よ》んできました。また、お月見の習慣はもともと中国から伝わったとも言われているように、東アジア・東南アジア一帯《いったい》でも、「月」は人々に親しまれています。

「牀前《しょうぜん》に月光《げっこう》を看《み》る　疑《うたが》うらくは是《こ》れ地上の霜《しも》かと　頭《こうべ》を挙《あ》げて山月《さんげつ》を望《のぞ》み　頭を低《た》れて故郷を思う」などの詩で知られる唐《とう》の李白《りはく》（七〇一～七六二）は、今に残る約一千首の詩のうち、約三百の詩で「月」を取り上げているそうです。ほとんど三首に一首は「月」を詠《えい》じていたことになります。

さらに、昼はまさに灼熱《しゃくねつ》に覆《おお》われる中東の人々も、「月」には深い親しみと安らぎを感じてきたようです。かつて砂漠を旅したキャラバン（隊商《たいしょう》）も、熱い日中を避《さ》け、夜、月や星を道案内にしながら進んでゆきました。

一方、欧米《おうべい》には、「満月の光を浴《あ》びると狼男《おおかみおとこ》は狼になる」とか「満月の夜には魔女の集会が行われる」など、「月」は人を狂気《きょうき》に引き込むという受けとめ方がありました。「狂気」を意味するlunatic《ルナティック》という言葉は、ラテン語の「月＝Luna《ルナ》」を語源《ごげん》にしています。

一見、私たちの感覚とは異質《いしつ》なようですが、不思議な力で私たちを惹きつけ、日常を超えた気分へと誘《いざな》うものとして「月」を感じているという点では、共通しているものがあるかもしれません。事実、『竹取物語《たけとりものがたり》』でも、「月」を眺《なが》めるかぐや姫に対し、人が「月の顔見るは忌《い》む事」ととどめる場面があり、日本にも欧米と同様の受けとめ方が一方にはあったようです。

逆に欧米でも、ドビュッシー（一八六二〜一九一八）のピアノ曲『月の光』は、私たちを、狂気ではなく、静寂《せいじゃく》や安らぎへと誘う気配《けはい》に満ちています。あるいは、ベートーヴェン（一七七〇〜一八二七）のピアノ・ソナタ第十四番『月光』を思い浮かべる方も少なくないでしょう。ただ、『月光』と名づけたのはベートーヴェン自身ではなく、彼の死後、ある詩人が、その第一楽章を評《ひょう》して「ルツェルン湖の月光の波に揺《ゆ》らぐ小舟のよう」と語ったことに由来《ゆらい》しています。その瞑想《めいそう》的な気配に満ちた第一楽章と「月光」という言葉を結びつけた感性《かんせい》を考えても、欧米の人々と私たち日本人が抱いている「月」のイメージには、やはり本質的な違いはないのではないでしょうか。

◇「月の心」とは

いつの時代にも、洋の東西を問わず私たち人間を惹《ひ》きつけてやまない「月」――。「月」は、自《みずか》ら発光《はっこう》するのではなく、太陽の光を鏡《かがみ》のように反射して、その光を私たちに届けてくれます。自らを鏡のようにして他の輝《かがや》きを伝え、声高《こわだか》にではなく、静かに他を照《て》らす――。「月」の存在には、他が抱《いだ》く光を見出《みいだ》して感動し、その光を伝えようとする心が込められています。そして、何よりも他を想い、他に尽《つ》くす心が秘《ひ》められています。

それゆえに私は、「月の心」を隣人《りんじん》をひそやかに陰《かげ》で支《ささ》えることができる「陰徳《いんとく》の心」の象徴《しょうちょう》として受けとめるのです。陰徳とは、人に知られることなく善行《ぜんこう》を行うことです。そのような「月の心」の魅力《みりょく》は、まさに月が抱いている、その透明《とうめい》な光と静寂《せいじゃく》、そしてその純粋《じゅんすい》さ、無垢《むく》さに極《きわ》まります。

「月の心」を持つ人は、ごく自然に世界に尽くそうとする人です。他の人たちのために何かをしたいと願っている人です。ささやかでも「今の自分にできることはないか」と常《つね》に考えるのです。

困難を抱《かか》える人たちへの見えない援助《えんじょ》を心がけたり、家族が少しでも輝いて生きることができるように支えたり、職場の仲間が少しでも仕事をしやすくなるように人知れず環境を整《ととの》えたり、友人に対する隠《かく》れた助力《じょりょく》を惜《お》しまなかったり……。自分の利益を超え、自分を横に置いて、他のために心を尽くすことができる——。

そして、それらを自己顕示《けんじ》のためにするのでも、恩着《おんき》せがましく行うのでもありません。目立つことなく、主張することなく、むしろそれを人に知られることを避《さ》けて、さりげなく進めたいと思う心です。また、それが「価値があるから」「新たに挑戦《ちょうせん》すべきテーマだから」というのでもありません。自分の気持ちの問題として「そうしたい」から、それが自分の歓《よろこ》びだからそうするのです。そして何より、そうした「陰徳」の支えなくして、この世界は何一つ成り立たないことをよく知っているのです。

そのような「月の心」は、自分の利益や評価《ひょうか》にこだわる人々にとって、最初は想像することさえ難《むずか》しいかもしれません。「自分が努力したら、努力した分を認めてほしい」と当然のように思うからです。そして多かれ少なかれ、誰《だれ》もがそのような気持ちを持っていると言っても過言《かごん》ではありません。

しかし、だからこそ、私たちにとって、「月の心」は特別な輝きを放《はな》つものになるのです。人知れず他のために尽くす心は、人間に蔵《ぞう》された光の中でもっとも純粋で美しい光の一つ——。それは、自らの輝きにとどまらず、むしろ他の中にある光をこそ映《うつ》し出し、引き出すものだからです。

◇緒方洪庵《おがたこうあん》とチューラ・パンタカ

実際に「月の心」を生きた人にはどのような人がいるのでしょうか。例えば、幕末《ばくまつ》の蘭《らん》方医《ぼうい》で天然痘《てんねんとう》の予防にも尽力《じんりょく》した緒方洪庵（一八一〇〜六三）——。よく知られているように、彼が主宰《しゅさい》した適塾《てきじゅく》からは、日本陸軍の祖《そ》となる大村益次郎《ますじろう》や越前《えちぜん》藩のブレーンとなる橋本左内《さない》、日本赤十字社を興《おこ》す佐野常民《つねたみ》、幕府陸軍の大将となる大鳥圭介《おおとりけいすけ》、慶應義塾《けいおうぎじゅく》を創立する福沢諭吉《ゆきち》ら、近代日本を先導《せんどう》する多彩《たさい》な人々が巣立《すだ》ってゆきました。

その洪庵は、常々《つねづね》、「医は仁術《じんじゅつ》である」と言い、「医の世に生活するは、人のためのみ。……安逸《あんいつ》を思はず、名利《みょうり》を顧《かえりみ》ず、唯《ただ》おのれをすてて人を救はんことを希《こいねが》ふべし」という戒《いまし》めを何より大切にし、そのように生きたのです。

自分自身、結核や肝疾患《かんしっかん》を患《わずら》いながら、病人の貴賤貧富《きせんひんぷ》を顧《かえり》みずに診療したり、なかなか理解しようとしない人々に種痘《しゅとう》の有効性を説いて回り、翻訳《ほんやく》にも励《はげ》んだりしたほか、入門間もない塾生《じゅくせい》が病で倒《たお》れても看病に行ったり、さらには門人の就職の世話から、かつての塾生からの質問にも丁寧《ていねい》に答えたりするという徹底《てってい》ぶりでした。それでいて、教育方法は質問があれば答えるというもので、塾の運営も含《ふく》めて塾生の自主性に重きを置いていました。決して自分を押しつけようとはしなかったのです。それは、一人ひとりの個性的な輝《かがや》きを引き出そうと陰《かげ》で支《ささ》える「陰徳《いんとく》の心」以外の何ものでもなかったでしょう。

また、釈尊《しゃくそん》の弟子の一人で、『テーラガータ』（仏《ぶつ》弟子たちの詩句《しく》集）の中に「わたしの進歩は遅かった」という一節から始まる偈《げ》（仏の教えや徳《とく》を韻文《いんぶん》の形式で述べたもの）を残したチューラ・パンタカ（周利槃特《しゅりはんどく》）も、この「月の心」を育《はぐく》んだ一人ではないでしょうか。

彼は、自《みず》ら偈にも詠《よ》んだとおり、物覚えが悪く、仲間からも蔑《さげす》まれ、やがて、同じく出家《しゅっけ》した兄からも「お前は家に帰った方がいい」と告《つ》げられます。そして、絶望して僧園《そうえん》の外《はず》れに佇《たたず》んでいたパンタカに、釈尊が声をかけられました。

「皆の履《は》き物をきれいにしてあげてはどうだろう」。パンタカは、釈尊から頂いた布《ぬの》きれで毎日休むことなく、嫌《いや》な顔一つせず、仲間の履き物を拭《ふ》き始めました。数年が経《た》ち、もうパンタカを馬鹿にする者はいませんでした。彼のひたむきな姿に心打たれ、かえって自分たちが恥ずかしくなったのです。

仲間の変化にパンタカも癒《いや》されます。また、履き物と同様、心も日々浄化《じょうか》に努めなければならないことを悟《さと》ります。そして何より、陰《かげ》ながらも徳《とく》を積み重ねることが、いかに現実や心を変えるのかを実感し、卑屈《ひくつ》な想いを超えてゆくきっかけを摑《つか》んだのでした。

◇「光を探《さが》す」ことから

他人《ひと》から「わがままだ」と言われたり、自分でも「自己中心的なところがある」と感じたりしている人は、この「月の心」がきっと必要だと思われるでしょう。でも、それだけではありません。自己実現に強い関心を抱《いだ》いてきた人や目的に突き進む傾向を持っている人、また人の上に立つ立場にある人は、それだけでこの「月の心」を必要としているのではないでしょうか。そして、「月の心」に心惹《ひ》かれ、憧《あこが》れを抱いている人は、自《みずか》ら意識していなくても、きっとこの心を求めている人に違いありません。

では、この「月の心」を育《はぐく》んでゆくにはどうしたらよいのでしょう。

それにはまず、何よりも折《おり》に触《ふ》れて「月」の姿を眺《なが》め、その心に想いを馳《は》せることから始めることです（具体的には、先述《せんじゅつ》の「月の心とは」の節《せつ》［二二～二四頁］の内容を黙読《もくどく》し、心深く受けとめてゆきます）。そして、「月の心」の瞑想《めいそう》とでも呼ぶべき心の集中をわずかな時間、五分でも十分でも試《ため》してみましょう。呼吸と姿勢を整《ととの》えて、心に「月」をイメージし、自分自身が「月」になり、「月の心」が身体《からだ》全体に満ちてゆくことを念じるのです（瞑想の方法については、巻末の付録1［一九〇頁］を参照）。

そして次に他の光に共感し、応《こた》えようとする心を引き出すことが必要です。例えば、家族や友人や知人、関わり合う人たちの中に息《いき》づくまごころや菩提心《ぼだいしん》が、たとえまだ頼《たよ》りないものであっても、それを発見し、強く共鳴《きょうめい》する心を育ててゆくということです。

そのために、出会う人々の中に、「光を探す」ことから始めてみてはいかがでしょうか。普段《ふだん》関わる人たちの中にどのような素晴らしいところがあるか、それを探し、確認する。そして、確認するだけではなく、その尊《とうと》さを心に刻《きざ》むのです。仕事で出会った人や新たに知人になった方、あるいはたとえ嫌《きら》いな人でも、その人の中にある長所《ちょうしょ》や美点を探し、その尊さを心に刻んで少しでもそれが引き出されるような「縁《えん》」になる――。

そしてそれは、人だけではありません。どのような時と場にも、その時その場が持っている光＝可能性や素晴らしさがあるのです。その光を見出《みいだ》し、それが輝《かがや》くようにはたらきかけることもそうでしょう。

もちろん、それは、単純にすべてを肯定《こうてい》することではありません。しかし、人や場の中にある光は決して見落とさない――。他の光に照《て》らされる歓《よろこ》びを大切に味わうのです。

◇陰徳《いんとく》の心を育《はぐく》む

そして、そのような「光を探《さが》す」心を育みながら、さらに「月の心」を磨《みが》いてゆくには、人に知られることなく善行《ぜんこう》を積《つ》む「陰徳」という「心のエクササイズ（鍛錬《たんれん》）」に少しずつ取り組むことも大切にしたいものです。最初は一日に一つ、自分以外の人のために、家族や職場の人たちのために、何かできることを陰《かげ》ながら実践《じっせん》するのです。

例えば、関わる人たちに向けて、その方々が抱《いだ》いている光が強くなることを祈り、念じるということがあります。誰《だれ》かのために人知れず心を込めて祈る――。それは「陰徳」の行《おこな》いのもっとも基本にあるものと言えるかもしれません。拙著《せっちょ》『新・祈りのみち』（三宝出版）の中の「光を入れるときの祈り」（五五六頁）や「縁友《えんゆう》への祈り」（六一七頁）などを祈り、念じることも参考にしていただけると思います。

もっと具体的な行動――例えば、家族の靴《くつ》をそろえたり、食事の後片《あとかた》づけをしたり、トイレの掃除《そうじ》を進んでしたりすることでも、職場の整理整頓《せいとん》を行うことでも、家族や職場の人たちの支えや助けとなるようなことならば、「陰徳」の実践としてふさわしいものです。どんなにささいなことでもよいのです。家事として、仕事として日々行わなければならないことを、「月の心」を育むために意識して行います。

ただ、もし可能なら、それが、自分にとって「新しい試《こころ》み」となることに取り組んでいただきたいと思います。これまで、誰《だれ》か他の人がしてくれて当たり前になっていたこと、あるいは誰もが必要性を感じながら手をつけようとしなかったことを、自分が進んでさせていただくのです。それを淡々《たんたん》と、けれども心からの歓《よろこ》びをもって行《ぎょう》じてゆくのです。

「陰徳」の実践とは、見えない光の「縁《えん》」としてはたらくことでもあります。また、縁の下の力持ちとして、皆を支《ささ》えてゆくことでもあります。そのような一日一日に歓びを見《み》出《いだ》すとき、私たちの「月の心」は確かな輪郭《りんかく》を持ち始めるのです。

「月の心」を育《はぐく》むエクササイズ

1

「月の心」の瞑想《めいそう》　折《おり》に触《ふ》れて「月」の姿を眺《なが》め、「月の心」に想いを馳《は》せる。心に「月」をイメージし、その「月」になった自分を想像《そうぞう》して、「月の心」が身体《からだ》全体に広がってゆくのを念じる。

2

光を探《さが》す　出会う人々の中に光を見出《みいだ》す。仕事で出会った人や新たに知人になった方、あるいは嫌《きら》いな人でも、その人の中にある長所や美点を探し、その尊《とうと》さを心に刻《きざ》む。

3

「陰徳《いんとく》」の実践《じっせん》　例えば、関わりのある人たちに向けて、その方々が抱《いだ》いている光が強くなることを祈り、念じる（拙著《せっちょ》『新・祈りのみち』の中の「光を入れるときの祈り」「縁友《えんゆう》への祈り」を参照）。また、家族の靴《くつ》をそろえること、食事の後片《あとかた》づけやトイレの掃除《そうじ》、また職場の整理整頓《せいとん》など、家族や職場の人たちの支えや助けとなることを考えて取り組む。

火の心

本当に大切なものに一心にまごころを尽くす、
熱き心の菩提心

◇語り継《つ》がれる「火」の物語

私たち人間にとって、「火」は大切なものであり続けてきました。

ギリシア神話には、人間の誕生に関わる「火」の物語が記《しる》されています。まだこの地上に動物や人間がいなかったとき、ゼウスは、プロメテウス（先に知る者）とエピメテウス（後に知る者）の兄弟に、生き物たちの創造を任《まか》せます。ところが、計画を担当したエピメテウスは、「後に知る者」であるがゆえに、無計画に強い足やたくましい角《つの》、牙《きば》や鋭《するど》い爪《つめ》など、すぐれた特徴《とくちょう》を先に創《つく》った動物たちにすべて与えてしまい、最後の人間に与えるものが何もなくなってしまったのです。

プロメテウスは、知恵の女神《めがみ》アテナの助言《じょげん》に従って、天を走るオリンポスの馬車から「火」を盗《ぬす》んで人間に与えます。これが、知恵を優《すぐ》れた力とする人間の誕生の物語ですが、その後、人間界を見たゼウスは、そこに火が灯《とも》るのを見て激怒《げきど》し、美しい乙女《おとめ》パンドラに瓶《かめ》を持たせ、人間の世界に様々な災厄《さいやく》をもたらしたのです。

古代ペルシアに興《おこ》ったゾロアスター教は、世界の歴史を光と闇の闘《たたか》いとして捉《とら》え、最後には光が勝利すると考えており、「火」をその光の象徴《しょうちょう》として崇《あが》めていることから、「拝火《はいか》教《きょう》」とも呼ばれています。

ほかにも、「火」を特別なものとして扱《あつか》う宗教は少なくありません。わが国の密教《みっきょう》においては、護摩《ごま》を焚《た》く炎《ほのお》は、煩悩《ぼんのう》を焼き尽《つ》くす菩提心《ぼだいしん》を示すとされます。仏教寺院の灯明《とうみょう》は法灯《ほうとう》を表し、建立《こんりゅう》以降、ずっと絶《た》やされずに守られてきているところもあります。

キリスト教会のろうそくの「火」も、イエス・キリストのいのちの象徴であり、信徒《しんと》が手に手にろうそくを持つときは、そのいのちを受け継いでゆくことを意味すると言います。

今日に至《いた》るまで著《いちじる》しい発達を遂《と》げてきた技術文明において、「火」が果《は》たしてきた役割の大きさは言うまでもないでしょう。照明、暖房《だんぼう》、蒸気《じょうき》機関、金属の精錬《せいれん》、火力《かりょく》発電……。

四年に一度開かれるオリンピックの聖火《せいか》にも、人々は特別の意味を見出《みいだ》しています。プロメテウスの物語にちなんでギリシアのオリンポス山で点火《てんか》された「火」は、多くの人々の聖火リレーによって開催地まで運ばれ、オリンピックの象徴として開催期間中ずっと競技を見守ることになります。

また、仲間とともに囲《かこ》むキャンプファイアーの炎にも、不思議な魅力《みりょく》があります。夜、語らいながら、それを見つめるとき、それまで気にもとめていなかった時の流れ、「今」

という時のかけがえのなさを私たちは感じることになります。

そして、家々に点《とも》される「火」――。古くから、かまどの「火」は、様々な食物を結びつけ、香《かお》りと味わいを加えて生命の源《みなもと》となる食を支《ささ》えるものでした。

神話と宗教、技術、生活……。「火」は、人間の多くの営《いとな》みに関わっています。つまり、人間と「火」の結びつきが、いかに深いものであるかということでしょう。

◇「火の心」とは

「火」は人間の様々な営《いとな》みに力を与えてきただけでなく、人間が生み出す光と熱を体現《たいげん》し、象徴《しょうちょう》する存在です。たき火やろうそくの火、ランプやトーチの火など、ゆらめく炎《ほのお》を見つめるとき、私たちはそこに生命のように生き続けるものを感じます。空気の流れによって変幻自在《へんげんじざい》に姿を変え、呼吸するように動きながら光と熱を発し続ける炎は、生けるもののように私たちに何かを語りかけます。一時《いっとき》としてとどまることなく変化し、その変化によって変わりないものを持続《じぞく》させている「火」――。

また、「火」とは、燃焼《ねんしょう》でもあります。そして、この「燃焼」は、物質が熱と光を発して酸素と化合《かごう》する現象であると説明されてきました。しかし、直感的には、様々な物質が自《みずか》らのすべてを熱と光に化《か》すことであると言えるでしょう。多くの辞書が、「燃焼」を比喩《ゆ》的に「力の限り尽《つ》くすこと」「情熱や活力、肉体などのすべてを傾《かたむ》けて事《こと》にあたること」と説明するのも、そのようなイメージがあるからではないでしょうか。

「火の心」は、まさにこうした「燃焼」の意味を体現するものです。いつでも、どこでも、全力で生きることができるのが「火の心」です。

人は、様々な条件によって揺《ゆ》れ動きます。周囲の環境や人間関係によって、自分に対する評価や他人《ひと》のまなざしによって、意欲的になったり、落ち込んだり、怠惰《たいだ》になったり、焦《あせ》ったりしてしまいます。外的な条件の変化に気を取られ、熱意が途切《とぎ》れ、集中力を失ってしまうのです。

認められても認められなくても、人間関係がスムーズでもぎくしゃくしても、相手に好感が持てても持てなくても、自分がしたい仕事でもそうでなくても、一心不乱《いっしんふらん》に全力で生きることができる――。

そう生きることができるのは、周囲の状況や条件、また自分自身の状況がどうであろうと、自分にはどうしても果《は》たさなければならない目的があり、大切な一事《いちじ》があることを心に刻《きざ》んでいるからでしょう。そして、その時その場がただ一度しか訪《おとず》れることのない、大切な機会であることを深く知っているからでしょう。

「火の心」とは、たとえどのような逆境《ぎゃっきょう》にあっても、その時と場は自分がなすべきことのために意味ある機会なのだと受けとめる心――。「今、ここ」という一回生起《せいき》の時と場を、これ以上はないという熱を持って、目的のために、大切な一事のために、自らの限りを尽くして完全に燃焼させることができる心なのです。

◇誰《だれ》もがそう生きることを願って生まれてきた

「火の心」を生きる人は、大切な一事《いちじ》に力を尽《つ》くしています。迷《まよ》うことなく、ぶれることなく、中心の一点に向かって全力で進んでいます。どんなときも、持てる生命《いのち》を完全に燃やすことのできる深い歓《よろこ》びを体現《たいげん》して輝《かがや》いています。もしそのような人に出会ったら、私たちは誰でも、すがすがしい気持ちになるのではないでしょうか。言葉を超えて胸打たれ、「できるならば、私もそのように生きてみたい」と思うのではないでしょうか。

なぜなら、誰一人例外なく、実はそのように生きることを願って生まれてきたからです。魂《たましい》としての私たちは、どうしても果《は》たしたい願いを抱《いだ》き、決して忘れることのできない後悔を胸に刻《きざ》んで、新しい人生の体験に飛び込んできたのです。

「火の心」は、人生を燃焼《ねんしょう》させるものであり、ある意味で自己実現の歩みを促進《そくしん》するものです。けれども、その心は、本質的な意味で他の人々に対する言葉を超えた励《はげ》ましなのです。

「火の心」を持って、自《みずか》らの限りを尽くしてまっすぐに生きる人は、多くの人々の心をどれほど勇気づけるでしょうか。私たちは「火の心」の人を見るとき、こう思うのです。

「人間は、こんなふうに生きることができる。ここまでできるのだ。だから、私も頑張《がんば》ろう。心を尽くしてゆこう」

それは、すでに他を輝かせる人間の光にほかなりません。

◇吉田松陰《しょういん》とジャンヌ・ダルク

「火の心」を抱《いだ》いた人物としては、例えば、明治維新《いしん》において長州《ちょうしゅう》の志士たちの精神的支柱《しちゅう》、精神的指導者であった吉田松陰（一八三〇〜五九）が思い浮かびます。松陰の生涯《しょうがい》は、「至誠《しせい》」（誠《まこと》を尽《つ》くすこと）に貫《つらぬ》かれ、自分を超えて国を愛し、守るという一事《いちじ》のためにすべてが捧《ささ》げ尽くされたものでした。

時代は折《おり》しも諸外国からの艦船《かんせん》がしきりに日本の海を脅《おびや》かしていました。日本の植民地化を危惧《きぐ》した松陰は、日本を守るために新しい知識を身につけようと脱藩《だっぱん》し、失敗すれば死罪になることも覚悟《かくご》のうえで、外国に密航《みっこう》を試《こころ》みたのです。結局、密航は失敗しますが、その後、松陰の熱き志《こころざし》は青年たちに引き継《つ》がれ、松陰が主宰《しゅさい》する松下村塾《しょうかそんじゅく》からは、高杉晋作《たかすぎしんさく》、久坂玄瑞《くさかげんずい》、伊藤博文《ひろぶみ》、山県有朋《やまがたありとも》……等々、多くの志士《しし》たちが輩出《はいしゅつ》することになりました。

また、農村のごく普通の家に生まれながら、「フランスを救え」という神の示現《じげん》によって立ち上がったジャンヌ・ダルク（一四一二〜三一）にも、「火の心」が息《いき》づいていたと言えるでしょう。当時フランスは、イギリス軍との戦いに敗《やぶ》れ続け、士気《しき》は消沈《しょうちん》していました。その苦境《くきょう》に対して、文字も読めず、馬にも乗れなかった少女が婚約者の反対や家族との断絶《だんぜつ》にも屈《くっ》することなく、フランスの軍隊を率《ひき》いて指揮《しき》し、数多《あまた》の戦いで奇跡《きせき》的な勝利を収《おさ》めていったのです。切実《せつじつ》な危機感、一点の曇《くも》りもない信仰、そして不純《ふじゅん》なものがまったく入り込まない意志――。そのような大切にすべき一点にすべてをかけて生きるジャンヌの姿は、分裂《ぶんれつ》していたフランスの人々に、「国」というまなざしを呼び覚《さ》まし、立ち上がらせていったのです。異端者《いたんしゃ》として火刑《かけい》に処《しょ》せられる最期《さいご》のときまで、火のごとく、生命《いのち》を燃やし尽くして駆《か》け抜《ぬ》けていった人生でした。

◇WHAT《ホワット》を問い、集中すべき一点に向けて全力を尽《つ》くす

「火の心」を必要としているのは、どのような人でしょうか。

例えば、ものごとに対して、そこそこのレベルで応《こた》えてきたが、それに納得《なっとく》することができずにいる人。また、様々なことに関心があって、一つのことに本当に集中できずにいると感じている人。あるいは、今以上に完全燃焼《ねんしょう》して生きてみたいという人……。そのような人たちに、「火の心」は新しい現実をもたらします。

それでは、この「火の心」を育《はぐく》むには一体何が必要なのでしょうか。そのために、どうしても欠かすことのできないものとは何でしょうか。それは、決して涸《か》れることのないエネルギー、生命力でしょうか。それとも、うっかり触《さわ》ると火傷《やけど》するほどの熱意と意欲でしょうか。

もちろんそれらは、大切なものです。

でも、私たちはまず、完全燃焼する「火」を心に描《えが》き、先に示したような「火の心」に想いを馳《は》せることから始めたいと思います。もし可能なら、心に「火」をイメージし、その「火」になった自分を想像して、「火の心」が身体《からだ》全体に広がってゆくことを念じる、「火の心」の瞑想《めいそう》の時間をわずかでも持てるとよいでしょう（瞑想の方法については、巻末の付録1［一九〇頁］を参照）。

そして、「火の心」を育むことは、自分に与えられた生命《いのち》を完全燃焼させる心をつくることであり、もっとも大切なことは、「本当に集中できる中心を抱《いだ》く」ということです。全力で集中するためには、その中心に対して全幅《ぜんぷく》の信頼《しんらい》が必要であり、心の底から納得していることが欠かせないのです。

そのために私たちが毎日の生活の中でいつでもできることは、「WHATを問う」ことだと思います。「WHAT」は、「何、どんなもの、どんなこと」という意味の疑問詞《ぎもんし》です。すなわち、「WHATを問う」とは、「それは何か」とその本質を尋《たず》ねることであり、「大切なことは何か」を問いかけることです。またそれは、「WHY《ホワイ》」「なぜそれなのか」の問いと合わせて、動機・願いを常《つね》に確かめる歩みであると言ってもよいでしょう。

今、私が大切にしたいことは何か。
私が守らなければならないものは何か。
何を一番優先《ゆうせん》すべきなのか。
私の目的、私が本当に願っていることはどういうことか……。

家族と過《す》ごすとき、仕事に向かうとき、会議に出席するとき、人と出会うとき、一日を振り返るとき、明日を望《のぞ》み見るとき、これらの問いかけを自分自身に投げかけ続けてください。そして、そのとき確かめた中心＝願いに向かって懸命《けんめい》に生きてみていただきたいのです。

その歩みを続けてゆくとき、私たちは次第《しだい》に自分の中で、心が一つの中心に向かってゆくのを感じるようになります。かつては様々に揺《ゆ》れ動き、落ち着くことなくぶれ続けていた気持ちの中心が、一つの場所を示すようになり、重心《じゅうしん》をなすようになってゆくのです。

そのためには、失敗や後悔《こうかい》を糧《かて》にしなければならないこともあります。それまで自分が大切にしていたと思い、自分の願いだと思っていたものが違《ちが》っていたという痛みも味わわなければならないかもしれません。けれども、そのような紆余曲折《うよきょくせつ》を経《へ》ながら、めざすべき中心、確かめるべき自分の願いが定まってゆくにつれて、私たちはスッキリとして、雑念《ざつねん》や迷《まよ》いから少しずつ自由になってゆきます。

自分自身の願い、大切にすべき中心を確かにし始めたなら、次は、「収斂《しゅうれん》」の実践《じっせん》です。「収斂」とは、様々に分散し、散漫《さんまん》になりがちなエネルギーを一点に集中させることです。あれもこれもではなく、すべての力を一つのことに集中させて猶予《ゆうよ》を残さず、出し切るのです。スポーツや勉強でも稽古事《けいこごと》でも、また料理や掃除《そうじ》などの家事でも仕事でも、テーマを一つ選んで取り組みます。

自分が大切にすべき中心と願いを見出《みいだ》しているとき、私たちは驚《おどろ》くほど、その一事《いちじ》に向かって集中することができます。本当の重心を抱いているとき、私たちは、自《みずか》らと世界を深く信頼することができます。そしてその信頼によって、持てる力のすべてを出し切ることができるようになるのです。

「火の心」を育《はぐく》むエクササイズ

1

「火の心」の瞑想《めいそう》　完全燃焼《ねんしょう》する「火」をイメージし、その「火」になった自分自身を思い描《えが》いて、「火の心」に想いを馳《は》せる。その心が身体《からだ》全体に広がってゆくことを念じる。

2

WHAT《ホワット》を問う　家族と過《す》ごすとき、仕事に向かうとき、会議に出席するとき、人と出会うとき、一日を振り返るとき、明日を望《のぞ》み見るときなど、「今、私が大切にしたいことは何か。私が守らなければならないことは何か。何を一番優先《ゆうせん》すべきなのか。私の目的、私が本当に願っていることはどういうことか」と自分に問いかけ、大切にすべきことを見極《きわ》める。

3

「収斂《しゅうれん》」の実践　大切なことを一つ定め、それにエネルギーを集中する。猶予《ゆうよ》を残さず、すべての力を出し切ることに挑戦《ちょうせん》する。

空の心

何ごとにもとらわれず、
無心に生きる自由な心の菩提心

◇心の自由を求めて

自由――。誰《だれ》もが知っている、ありふれた言葉です。けれどもそれは、何と魅力的《みりょく》に響《ひび》くことでしょう。私たち人間は例外なく、この「自由」という言葉に心惹《ひ》かれると言っても過言《かごん》ではありません。自由とは、のびやかで、あらゆる束縛《そくばく》から解《と》き放《はな》たれていること――。自分では意識していなくても、人間は心の底からこの「自由」を求め続けてきたのです。

逆《ぎゃく》に言えば、「自由」とは、それだけ容易《ようい》に実現できないものだったということではないでしょうか。歴史を少し遡《さかのぼ》れば、自由に場所を行《い》き来《き》することさえできない時代がありました。

例えば、江戸時代には、隣《となり》の藩《はん》に行くことさえままならず、人々は身分によって仕事を選んだり、身分の違う人と話したりすることもできず、多くの束縛を受けていました。そうした「不自由」はこの時代だけのことではなく、それ以降も様々な束縛が社会の中に残り続けました。第二次世界大戦中は、自分が思ったことを語ることもできず、大きな行動の制約を受けることもありました。また、女性の社会進出のこと一つを取っても、男女雇《こ》用《よう》機《き》会均等法《かいきんとうほう》などの法整備《ほうせいび》が進んだ今なお、女性が男性と同じように社会で仕事をするためには多くの障壁《しょうへき》が存在しています。

しかし、その一方で、完全とは言えないまでも、長い時をかけて、私たちが多くの「自由」を手にすることができるようになったことも事実です。現在に至《いた》って、私たちはいつでも好きな服を着て、好きなときに好きな場所に出かけ、様々な地域や国を旅することができます。自分の思うままに語り合うことも、それを手紙に書いたり、インターネット上に発表したりして他の人の目に触《ふ》れるようにすることもできます。仕事を選ぶことも、自分の生き方を決めることもできます。かつては得ることのできなかった様々な「自由」が、私たちの手もとにあると言うことができるでしょう。

◇人は自《みず》ら不自由さを生み出している

でも、私たちは本当に「自由」になったのでしょうか。

繰《く》り返しますが、「自由」とは、他からいかなる規制《きせい》や障害《しょうがい》、束縛《そくばく》も受けずに、自分の思うままになること——。そしてさらに、社会生活の中で、個人の尊厳《そんげん》を重《おも》んじ、人間の思想や活動を保障《ほしょう》しようとする立場のことを指《さ》しています。

文字通り、束縛から完全に解《と》き放《はな》たれた「自由」という観点から考えてみれば、私たちはいまだに多くの「不自由」さを抱《かか》えているのではないでしょうか。

例えば、生まれ育ちの中で様々な価値観に縛《しば》られ、それに翻弄《ほんろう》される私たちがいます。「一番にならなくてはならない。勝たなければ意味がない」「流行に乗り遅《おく》れたくない。皆と一緒《いっしょ》でなければ取り残されてしまう」「私はついていない。きっとどんどん悪くなってゆくに違いない」「他人《ひと》は信じられない。隙《すき》あらば、私のものを奪《うば》おうとしている」「結局、この世はお金と力だ」……。

こうした無数の思い込みや信念が、私たちの生き方を束縛し、翻弄しているのです。それを私は「3つの『ち』」と呼んでいます。

3つの「ち」とは、両親や家系から流れ込んでくる肉体的な条件やものの考え方や生き方（血《ち》）、土地や地域から流れ込んでくる習慣や生き方（地《ち》）、時代から流れ込んでくる価値観や生き方（知《ち》）のことです。

そして、多くの人々は、その力に抗《こう》することもできずに、それらの思い込みや信念を満足させない現実の前で葛藤《かっとう》し続けることになります。私たち自身の中で生み出されている「不自由」さがあるということです。

それらの「不自由」さから、私たちは解き放たれなければなりません。私たちが本当に求めなければならないのは、「内なる自由」です。「自由な心」を、私たちはこれまでにもまして求めているのです。大切なことは、その「自由」を導《みちび》くのは、自ら自身をおいてほかにはないということなのです。

◇「空《そら》の心」とは

そして、この「自由な心」を体現《たいげん》するのが、「空の心」です。「空の心」とは、何ごとにもとらわれず、無心《むしん》に生きる「自由な心」の菩提心《ぼだいしん》——。

「空」は、限りない広がりをもって、変わることなく、そこにあり続けているものです。「限りなく、変わることがない」ということが重要です。私たちはいつでも、自分の頭上《ずじょう》に、限りない「空」が広がっていることを知っています。

もし今、外に出ることができるなら、あるいは近くに窓《まど》があるなら、しばらくその「空」

の広がりを眺《なが》めてみましょう。

「空」が向かい合っているのは、人間がつくり上げた地上の多様な世界です。そして、そこに何があろうと、そこで何が起ころうと、一つの「空」が対しているのです。

地上がいくつもの国境《こっきょう》によって隔《へだ》てられているように、私たち人間はあらゆることに境《さかい》をつくり出して、区分《くわ》けをせずにはいられません。人間の性《さが》として、私たちは心をどこかにとどめ、何かに固着《こちゃく》させて、そこに力を込《こ》めようとします。「分ける」ことが「分かる」ことだと言われるように、うまく区分けをすることのできる人が優《すぐ》れた能力のある人と考えられているのではないでしょうか。

左右、上下、可能性と制約、成功と失敗、利益と損失《そんしつ》、勝ち組と負け組……。それらを目ざとく見抜き、対応して、世界の中の一画《いっかく》に自分の場所を区切ることのできる力を、人間の力量《りきりょう》であると見ているのです。

それゆえに必ず、私たちの心は、その区分けに翻弄《ほんろう》され、こだわらずにはいられません。自《みずか》らの区分けの正しさを主張せずにはいられず、自らの陣地《じんち》を守り、その境を広げることに必死になってゆくのです。そして、こだわっているとき、私たちは、その区分けに釘《くぎ》づけになります。そこしか目に入らず、その外に広がっている世界を見失ってしまいます。区分けの外にどれほど豊かな世界が広がっていようと、そこにどんなに大切なものがあろうと、またどのような事実が横たわっていようと、私たちはそれを見ることができなくなってしまうのです。その区分けこそ人生の一大事《いちだいじ》と信じて疑《うたが》わなくなるのです。

けれども、「空」は、そのこだわりを超えて、無心にどこまでも広がってゆきます。人間の思い込みも、信念も、確信も、それらすべてを凌駕《りょうが》して広がっているのです。区分けだらけで窮屈《きゅうくつ》になっている人間世界を超然《ちょうぜん》として受けとめているのが、「空」の存在です。

「空」を見上げると、心がすっきりするのはなぜでしょう。「空」は、ものごとを区分けし、そこに固着する意識の底を抜いて、もっと広い世界があることを私たちに教えてくれるからです。「空」を見つめていると、自分がこだわり、守っていたものが何か小さなことだったと感じられてくることがあります。もっと広い世界がある。もっと大切なことがある――。限りない広がりが、本当のいのちをもう一度見つめるように呼びかけてくれるのです。

◇制約が可能性になる自由の境地

様々な違い、変化、動揺《どうよう》にこだわることなく、惑《まど》わされることなく、それらを超えて大切な一つのいのちに目覚《ざ》めている心――。それは、「空《そら》の心」の大切な一面です。

人は生まれたならば、必ずいくつもの条件を背負わなければなりません。先にも挙《あ》げた3つの「ち」は、その代表でしょう。それらを背負って、初めて人生の歩みを始めることができます。しかし、条件を背負うということは、束縛《そくばく》されるということであり、その一つ一つがこだわりの基《もとい》になります。

例えば、貧しさという条件がお金や地位の力への執着《しゅうちゃく》となり、両親の不和《ふわ》という条件が人間不信、世界不信という束縛となり、愛情に恵《めぐ》まれた家庭という条件が人や現実に対する鈍感《どんかん》さという束縛を与えてしまうのです。

人は、その条件によって、自《みず》らの心に不自由さを囲《かこ》い、歪《ひず》みを抱《いだ》くことになるということです。でも、もしその条件をただの制約にせずに、それを可能性に転換できたらどうでしょう。実は、その条件を超えて生きることを予定された存在でもあるのが、人間なのです。

貧しさの中で、注《そそ》がれる人々の助力《じょりょく》に本当に深く応《こた》える心を育てることができたら、両親の不和の悲しみをかみしめながら、理解し合える歓《よろこ》びと畏敬《いけい》という態度を身につけることができたら、そして愛情に恵まれた家庭の中で、自らの幸福にとどまらず、その愛情を他の人々に注ぐ優《やさ》しさを育《はぐく》むことができたら――。それこそ、人間を束縛する条件を超えて、制約を可能性にできる自由な「空の心」の現れであると言うことができるのではないでしょうか。

◇福沢諭吉《ゆきち》とアインシュタイン

「空《そら》の心」を抱《いだ》いた人には、どのような人がいるでしょうか。例えば「天は人の上に人を造《つく》らず、人の下に人を造らず」という言葉で人間の平等を説いた福沢諭吉（一八三五～一九〇一）が思いあたります。何百年と続いてきた封建《ほうけん》制度の中で、人間には生まれながらにして身分の上下《じょうげ》、貴賤《きせん》の区別があるという考え方があまりにも当然だった当時の人々に、その言葉は鮮烈《せんれつ》な衝撃《しょうげき》を与えました。

開港《かいこう》直後の横浜に行ってオランダ語が通じないとわかったとき、諭吉は大きな衝撃を受けながらも、命がけで習得《しゅうとく》したオランダ語を潔《いさぎよ》く手放し、一から独学《どくがく》で英語を学び始めたというエピソードが伝えられています。諭吉の人となりには、その判断と行為に象徴《しょうちょう》されるような「無心《むしん》に生きる自由な心」の輝《かがや》きが満ちていたと思えてなりません。

また、「特殊相対性理論《とくしゅそうたいせいりろん》」や「一般相対性理論」など、物理学の世界を一新《いっしん》した学説で広く知られるアルベルト・アインシュタイン（一八七九〜一九五五）も、「空の心」の体《たい》現者《げんしゃ》ではないでしょうか。その「相対性理論」が、ニュートン力学など、それまでの物理学の前提から人々を解《と》き放《はな》ったように、その生き方にも自由があふれていました。実際、アインシュタインは、大きな鼻、ボサボサの白髪頭《しらがあたま》に口ひげという個性的な風貌《ふうぼう》にふさわしいユーモアに満ちた言動で有名です。

例えば、当時の靴下《くつした》はすぐに破れてしまうため嫌《きら》いだという理由で、常《つね》に素足《すあし》のまま靴を履《は》いていたり、服装に気を遣《つか》ってはどうかと言われた際に、「肉を買ったときに包み紙の方が立派《りっぱ》だったら、わびしくはないか」とやりかえしたりしたというエピソード等々。

幼い頃からユダヤ人として差別され、また厳格《げんかく》な教師たちから理解されることのなかったアインシュタインだからこそ、研究において、また日常生活において、何ものにもとらわれない、自由な心を大切にしていたのでしょう。

◇「空《そら》」と一つになって、自《みずか》らの不足を前提として歩む

「空の心」を必要としている人は、どのような人たちでしょうか。

例えば、どうしても自分のポジションや役割にこだわってしまう人、立場や責任の範囲《はんい》に敏感《びんかん》な人、また意見や考えの正しさにこだわり、頑《かたく》なになりがちな人などはきっとそうでしょう。そして、何かあるとつい他人《ひと》を厳《きび》しく責《せ》めてしまう人も、この心を必要としているのではないでしょうか。もちろん、「空の心」に憧《あこが》れを感じる人は、自分では意識していなくても、この心を求めている人だと思います。

では、そのような人たちが、「空の心」を育《はぐく》むにはどうしたらよいのでしょうか。

「空の心」を育むには、まず、私たちをいつも見守っている、限りない「空」を眺《なが》めて、自分がその下にある地上のごく一画《いっかく》に立っていることを想うことではないでしょうか。

心にわだかまりやこだわりが生まれたとき、すべてを突き抜けて受けとめてくれる「空」を見上げて、「空の心」のことを繰《く》り返し想ってみるのです。自分の中にこだわりやしこ

りがあるからこそ、その一点を遥《はる》かに超えて広がる「空」と一つになろうと自分の心を広げるようにイメージするのです。

どこまでもこだわりなく広がってゆく「空」をイメージし、その「空」になった自分を思い描《えが》き、「空の心」を想う——。わずかな時間でも、呼吸と姿勢を整《ととの》えて「空の心」の瞑想《めいそう》と呼ぶべき心の集中の時間を持てるなら、さらによいと思います（瞑想の方法については、巻末の付録1［一九〇頁］を参照）。

そして次に大切なことは、「愚《おろ》かさの自覚」ということです。「自分には不足がある」という前提を心に刻《きざ》んで、現実に向かい合うのです。どれほど「自分が正しい」と思っていても、「そのこだわりは譲《ゆず》れない」と感じていても、「自分には見えていないこと、気づいていないことがあるかもしれない」と考えてみることで、私たちは、自分が抱《かか》えているこだわりの心を超えるきっかけを摑《つか》むことができます。

「どうしてもAさんのことが許せない。許さなくて当然だ」と思えるとき、あるいは「私の意見は正しい。なぜBさんはそれがわからないのだろうか」と思うとき、自分の不足を前提にするなら、立場を入れ替《か》えて考えてみることができるはずです。

そして「自分がAさんだったらどう思うだろう」「Bさんだったらどう感じるだろう」と想像することで、それまで気づかなかった事実に目を開くことができるかもしれません。

あるいはまた、自らの内側を振り返り、「相手の失敗の中に自分の責任を見つめる」ことも、「空の心」に近づく一歩となるでしょう。そこで見つめた責任から、相手に対して、その事態に対して、「自分に今、何ができるだろうか」と考え、具体的に何かをしてさしあげたり、支《ささ》えたりすることさえできるかもしれません。

そして、「調御《ちょうぎょ》」の実践《じっせん》。強いわだかまりや怒りや責《せ》めの感情が湧《わ》いてきたとき、「ちょっと待て」と自らを見つめ、その気持ちと対話して、それを決めつけたり、暴発《ぼうはつ》させたりすることなく調整することは、何よりも大事な歩みです。

そうした歩みを重ねる中で、私たちは、自分がつくっていたこだわりの境《さかい》を少しずつ溶《と》かし、心を広げてゆくことになります。そのとき、私たちはその境を乗り越えて、限りなく高く広がってゆく、澄《す》みきった「空の心」に近づいてゆくことになるのです。

「空《そら》の心」を育《はぐく》むエクササイズ

❶

「空の心」の瞑想《めいそう》　限りない「空」を眺《なが》めて、自分がその下にある地上のごく一画《いっかく》に立っていることを想う。「空」をイメージし、その「空」になった自分を思い描《えが》いて、こだわりのない自由な心が身体《からだ》全体に広がってゆくことを念じる。

❷

「自分には不足がある」ことを前提に歩む　例えば、許《ゆる》せない人がいるとき、自分と立場を入れ替《か》えて考えてみる。また、自《みずか》らの内側を振り返り、相手の失敗の中に自分の責任を見つめる。相手に対して、その事態に対して、「自分に今、何ができるだろうか」と考え、具体的に何かをしてさしあげる。

❸

「調御《ちょうぎょ》」の実践《じっせん》　強いわだかまりや怒りや責《せ》めの感情が湧《わ》いたとき、「ちょっと待て」と自《みずか》らを見つめ、その気持ちと対話して、決めつけたり、暴発《ぼうはつ》させたりすることなく調整する。

山の心

いかなる苦難や試練にも揺らぐことがない、
不動の心の菩提心

◇人間の深層《しんそう》とつながる山の世界

「山」と聞いて、あなたはどのような山を思われるでしょうか。生まれ故郷の懐《なつ》かしい山、忘れ難《がた》い登山の経験を心に刻《きざ》んだ山々、観光や映像に残された名勝《めいしょう》の地……。

「山」は、昔から人々の心に特別な印象を刻んできました。大地を潤《うるお》す水源《すいげん》として大切な存在であったばかりではありません。平地に住む人々にとって、「山」は、いつも見上げ、仰《あお》ぐ存在としてあり続けました。それは、神々が住む聖《せい》なる場所であり、また人が亡くなったとき、その魂《たましい》が赴《おもむ》くことになるとされる他界《たかい》であり、普通の人が暮らしている社会とは隔絶《かくぜつ》した世界、いわゆる異界《いかい》でもありました。

古代ギリシアの神々が住んでいたとされるオリンポス山をはじめとして、ユダヤ教のシナイ山、仏教寺院の数多くの本山《ほんざん》など、宗教と深く結びついてきたことは、まさに「山」が聖なる空間であることの証《あかし》でしょう。

そして、わが国に古くから伝わる山岳《さんがく》信仰や日本民俗学の父と言われる柳田國男《くにお》（一八七五〜一九六二）が著《あらわ》した『遠野物語《とおのものがたり》』などに示される山人《やまびと》（身体《からだ》が大きく、異《こと》なる髪や目を持つ）の存在は、異界としての「山」の本質を伝えるものと言えます。特にわが国では、村（里《さと》）と山の空間を対比的《たいひてき》に捉《とら》える信仰が深く根を張っていたとされています。

このように、その一端《いったん》を辿《たど》っただけでも、「山」の存在は、私たち人間の精神と生活の深層に関わってきたものであることがわかります。

◇遥《はる》かな存在としてあり続けるもの

今日の研究の成果では、造山《ぞうざん》運動は、二つの大陸プレートが衝突《しょうとつ》して、その間にある地殻《ちかく》が圧縮《あっしゅく》を受けて起こる場合（衝突型）と、海底の地殻の沈《しず》み込みに伴《ともな》って、火山活動を生じながら起こる場合（沈み込み型）があると考えられています。

いずれの場合にも、その変化は、百万年から一千万年単位の時間をかけてもたらされると言われています。その長大《ちょうだい》な時間に比《くら》べれば、人間の一生は、圧倒的《あっとうてき》に短《みじか》いものです。どんなに長い人生であっても、たかだか百年程度に過ぎません。「山」がそこに立ち現れるには、私たちの想像を絶《ぜっ》するような遥かな時間が流れているのです。

その遥かな時間の単位で、「山」はこれまでそこにあり続けてきました。きっとこれからもそこにあり続けてゆくことでしょう。そして、遥かな時、そこにあり続けるということは、世界に生じるものと滅《めっ》するもののすべてに関わることを意味しています。

この世界が従《したが》う定《さだめ》があるなら、その定に身をさらし、この世界がもたらす苦難《くなん》と試練《しれん》があるなら、それを身に引き受けて、不動《ふどう》の姿を示しているのが、「山」の存在なのです。

◇「山の心」とは

気が遠くなるほど長い間、風雪《ふうせつ》に耐《た》えて、私たちの前に存在している「山」――。何が起ころうと、少しも動《どう》じることなく、静かにそこにあり続け、すべてを受けとめてきたのが、「山」という存在です。「山」は、そのように悠然《ゆうぜん》として、私たちの生涯《しょうがい》を見守り、人間の歴史を見守ってきました。

「山の心」とは、いかなる苦難《くなん》や試練《しれん》にも揺《ゆ》らぐことがない、不動《ふどう》の心の菩提心《ぼだいしん》です。少しも動じることのない静けさと強さ――。現世《げんせ》に生きる私たち人間にとって、そんな「山の心」は、特別の輝《かがや》きを放《はな》っているように思えます。

なぜなら、そのように静かに強くあり続けることは、到底困難《とうていこんなん》に思えるからです。世界の現実は、いつも試練や葛藤《かっとう》、理不尽《りふじん》さと背中合わせです。いつどのような出来事が起こっても不思議はなく、望まない現実も容赦《ようしゃ》なく降《ふ》りかかります。貧《まず》しさ、病気、喪失《そうしつ》、別《べつ》離《り》、事故、災難《さいなん》、戦争……。私たちは、それらの現実と直面しなければなりません。けれども、実際に苦難と試練が私たちを襲《おそ》うとどうでしょう。私たちは動揺《どうよう》し、動転《どうてん》して自分を見失い、その現実に打ちのめされるばかりか、それを増幅《ぞうふく》してしまう――。

混乱している事態に簡単に巻き込まれてしまったり、自分も周囲も十分に痛みを抱《かか》え、悲しんでいるのに、その傷口《きずぐち》を広げるような現実を導《みちび》いてしまったりすることは、決して珍《めずら》しいことではないでしょう。そして、一層《いっそう》、不安に脅《おびや》かされ、苦しみは増すばかりとなってしまう――。

そんなとき、私たちはまさに、この「山の心」があればと願うのではないでしょうか。何が起ころうと、何が訪《おとず》れようと、動揺、動転することなく、平静《へいせい》な心で、その事態と向かい合う心があれば、と――。

不動の象徴《しょうちょう》である「山の心」とは、ただ動かない重い心ではありません。不動心とは、頑《かたく》なで動かない心ではなく、むしろあらゆる事態に感応《かんのう》し、ことに苦難と試練、痛みをあるがままに受けとめながら、重心を決してずらすことのない心です。

そして、「山の心」とは、ただ耐える心でもありません。「山」はすべてを見、すべてを知って、現実の重さを受け入れています。ずっと見つめてきたがゆえに、すべてを知るがゆえに、何が大切かを知り尽《つ》くし、何を守らなければならないかをわかっている心です。

「山の心」は、遥《はる》かな時を知っているからこそ、今に惑《まど》わされず、その重心を守ることができるのです。苦難と試練の定《さだめ》を知り、そして何を重心にするのか、それを長い間ずっと確かめて知っている心――。それが、「山の心」の中心にあるのです。

◇鑑真和上《がんじんわじょう》と北条時宗《ほうじょうときむね》

「山の心」の輝《かがや》きを放《はな》った先人として、唐招提寺《とうしょうだいじ》を建て、仏教を弘《ひろ》め、日本文化に大きな影響を与えた鑑真（六八八～七六三）の姿が思い浮かびます。

多くの弟子を育て、唐《とう》においてすでに重要な立場にありながら、日本からの留学僧《りゅうがくそう》の熱い願いを聞き届けて、日本に向かうことを決意した鑑真――。しかし、それは容易《ようい》ならざる道でした。当時、荒海《あらうみ》を渡《わた》って日本に行くことは、生命《いのち》を賭《と》しての行程《こうてい》であったため、鑑真の人徳《じんとく》を惜《お》しんで国もなかなか許可しなかったほどです。実際、その途上《とじょう》、航海は五回にわたる失敗を繰《く》り返し、鑑真自身、視力《しりょく》を失うことになってしまいました。

しかし、「求めている者がいるならば、いかに艱難辛苦《かんなんしんく》あろうと行くのが私たちの仕事ではないか」との鑑真の発意《ほつい》は少しも揺《ゆ》らぐことなく、十二年後、ついにその志《こころざし》は成就《じょうじゅ》することになったのです。それは、まさに一つの魂《たましい》からまっすぐに立ち上る不動《ふどう》の心、「山の心」の輝きではなかったでしょうか。

また、鎌倉《かまくら》時代、わが国が元寇《げんこう》という国難《こくなん》に遭《あ》ったとき、その難局《なんきょく》を乗り切った執権《しっけん》北条時宗（一二五一～八四）も「山の心」の人であると思います。いつ元《げん》の大軍《たいぐん》が攻《せ》めてくるかわからない脅威《きょうい》にさらされて、師・無学祖元《むがくそげん》の許《もと》を訪《おとず》れた時宗は、「莫妄想《まくもうぞう》」（妄想《もうぞう》するなかれ）と一喝《いっかつ》され、「いたずらに恐怖心や不安に呑《の》まれるのではなく、現実をあるがままに受けとめよ」との教えを受けます。

それからの時宗は、その教えを一心に守って、日々国家安寧《あんねい》の祈りを続けると同時に、九州に兵を集め、石塁《せきるい》を築くなど現実的な対応にも心を尽《つ》くしました。いよいよ元が来襲《らいしゅう》したときも、不動の心を保《たも》ち続け、外敵《がいてき》を退《しりぞ》けたのです。

◇「山」になりきり、重心《じゅうしん》を確かにする

今、大きな試練《しれん》を抱《かか》えている人、大切な仕事の前に心の動揺《どうよう》を静めたい人、自分には勇気が足《た》りないと感じている人、忍耐《にんたい》すべき時だと思っている人……。そのような人たちは「山の心」を必要としていると言えるでしょう。そして、「山の心」に憧《あこが》れる人は、自分で意識することはなくても、きっとこの心を求めている人なのです。

では、私たちはどうすればその「山の心」を育《はぐく》んでゆくことができるのでしょうか。

もしあなたが親《した》しんできた故郷の「山」があるなら、まずその「山」をイメージし、「山の心」を想ってください。私たちは、その「山」になりきることを想像します。「山」がずっとそうしてきたように、「この世界のことをあるがままに受けとめよう」と決心します。遥《はる》かな時、すべてを受けとめながら重心を動かさない「山」を心に描《えが》き、その「山」そのものに自分自身がなったことをイメージして、「山の心」が身体《からだ》全体に広がってゆくことを念じるのです。もし、可能なら一日にわずかの時間でも、このような「山の心」の瞑想《めいそう》と呼ぶべき心の集中の時間を持つことができるとよいと思います（瞑想の方法については、巻末の付録1〔一九〇頁〕を参照）。

すべての瞬間、世界はとどまることなく移りゆき、その姿を変えています。生まれたものはやがて老い、死を迎え、どんなに堅牢《けんろう》に見える建造物《けんぞうぶつ》も次第《しだい》に風化《ふうか》してゆきます。そればかりか、あらゆる存在は関わり合っており、人はその関わりの中で、思いも寄らぬ困難《こんなん》に巻き込まれてゆきます。そのような世界にはたらく定《さだめ》を知り、それを受け入れるところからすべては始まります。

試練が訪《おとず》れたとき、動揺しない心をつくることは大変なことです。人間なら誰《だれ》もが、苦難《くなん》が来れば苦しみ、試練にたじろぎ、恐れることでしょう。しかし、動揺する心の片隅《かたすみ》に、「どのようなことが起こっても不思議ではない世界に、確かに私は生きているのだ」と受けとめる心をつくることは、不可能なことではないはずです。

そのような自覚を普段《ふだん》から心に刻《きざ》み続けてゆくなら、動揺しても動揺に流されず、動転《どうてん》しても動転し続けることがない、また舞《ま》い上がっても舞い上がり続けることがない、「もう一つの心」を育むことができます。それはそのまま「不動心」につながってゆくでしょう。

「山の心」に近づく最大の秘訣《ひけつ》は、何よりも自分にとっての「重心」を確かにすることではないでしょうか。危急《ききゅう》のとき、私たちは多くを選ぶことはできません。いくつもの「大切なもの」の中から一つを選ばなければならないこともあります。では何を選ぶのか――。それがはっきりしているとき、「重心」は定まります。「重心」が定まるとき、私たちは守るべきもの、貫《つらぬ》くべきものを確かにして、強く、たくましくなることができるのです。

さらに、一度の人生の中で「山」のような遥かな時を生きることができなくても、私たちは、人生の中で未来に想いを馳《は》せることはできるはずです。

今、何かを判断しなければならないとしたら、十年後の自分から考えてみる。人生全体から考えてみる。「今、自分は右に向かおうとしているけれど、はたして十年後の自分だったらどう考えるだろう。人生を終えるときの自分ならどう思うだろう」。普段からそう自《みずか》らに問い続け、判断してゆくことで、私たちは少しずつ「山の心」に近づいてゆくのです。

◇最初から最後までを全《まっと》うする

最後に、「山の心」を育《はぐく》んでゆくためには、「持続」という「心のエクササイズ（鍛錬《たんれん》）」を実践《じっせん》してみることを、私はお勧《すす》めしたいと思います。

これは、どのようなことでも、一つのものごとが成就《じょうじゅ》する始まりから終わりまでの起承《きしょう》転結《てんけつ》を通して、あるいは一定の期間の最初から最後まで、決して途中で投げ出したり、あきらめたりすることなく経験する、ということを大切にする取り組みです。

最初はごく簡単に見えることから始めてよいのです。例えば、朝、一日の始まりに祈りの時を持つことでも、人との出会いには必ず事前に何を大切にするのかを心に刻《きざ》んで出会うということでも、夜に一日の振り返りをすることでも、翌日の仕事の計画を立てることでも、テーマを意識して、例えば一カ月、三カ月、半年と期間を決めてやり遂《と》げ、環《わ》に結ぶことができるなら、そこに必ず結果が現れます。

「こうして続けて最後まで環にすることができた。自分の中には受けとめる力も応《こた》える力も宿《やど》っているし、それを確かに育ててゆくことができるのだ」

このような実感を繰《く》り返し経験して、自分を成長させてゆくことが何よりも重要なのです。なぜなら、私たちは、自分の中にあるものをもっと信じることが必要だからです。誰《だれ》の中にも、「山の心」の菩提心《ぼだいしん》の種《たね》が宿っています。いかなる苦難《くなん》や試練《しれん》にも揺《ゆ》らぐことがなく、本当に大切なものを大切にできる不動心《ふどうしん》があるのです。その不動心を育むことは誰にも可能であることを、私たちはこの歩みの中で確信することになるのです。

「山の心」を育《はぐく》むエクササイズ

❶ **「山の心」の瞑想《めいそう》**　不動《ふどう》の「山」をイメージし、様々に「山の心」を想う。「山」になった自分を思い描《えが》いて、身体《からだ》全体にその「山の心」が広がってゆくことを念じる。

❷ **「重心《じゅうしん》」を確かにする**　大切なものの優先《ゆうせん》順位をはっきりさせて、「重心」を確かにする。

❸ **十年後の自分から考える**　遥《はる》かな時を生きる「山」にならって、何かを判断しなければならないとき、十年後の自分、人生全体から考えてみる。

❹ **「持続」の実践《じっせん》**　一つのものごとの始まりから終わりまでを途中《とちゅう》で投げ出すことなく、全《まっと》うする。例えば、一日の始まりに祈りの時を持つことでも、夜に一日を振り返り、翌日の仕事の計画を立てることでも、テーマを定めて一定期間取り組んでみる。

稲穂の心

実るほどに頭を垂れる、
黄金の「稲穂」のごとき、感謝の心の菩提心

◇「稲《いね》」が象徴《しょうちょう》するもの

「稲」は、私たち日本人の生活と文化に深く関わるものです。まず、米を主食《しゅしょく》としてきた私たちには、それはそのまま生命《いのち》の糧《かて》であったと言ってもよいでしょう。そして、江戸時代の武家《ぶけ》の収入が石高《こくだか》で表されたように、富《とみ》や力の象徴、さらには豊かさの象徴でもありました。

それだけではありません。「稲」は、かつては「菩薩《ぼさつ》」とも呼ばれ、呪術的《じゅじゅつてき》な力、霊的な力が宿《やど》っているものと考えられていました。そのため、稲を巡《めぐ》って様々な神話や伝説が生まれ、稲の豊饒《ほうじょう》を祈願《きがん》したり、その実りに感謝したりする儀礼《ぎれい》が生まれたのです。

例えば、『古事記《こじき》』には、稲をはじめとする五穀《ごこく》が、須佐之男命《すさのおのみこと》に殺された女神《めがみ》、大気都比売《おおげつひめ》の死体から生まれたとあり、『日本書紀《しょき》』にも、やはり神の死体に五穀の起源《きげん》があったことが記《しる》されています。

また、稲には、他の穀物《こくもつ》にはない、穂落《ほお》とし神話があります。穂落とし神話とは、鳥が稲を運んできたというものですが、それは稲がそれだけ貴重な穀物であったことの証《あかし》とされています。

一方、古くから宮中《きゅうちゅう》で行われている新嘗祭《にいなめさい》は、その年に収穫《しゅうかく》された稲を神に捧《ささ》げ、これを天皇も共食《きょうしょく》するという「稲」の祭りです。

「稲」に宿る霊的な力ということでは、家を建てる棟上《むねあ》げの折に棟の上から餅《もち》やお金をまいたり、節分《せつぶん》のときに豆をまいたりするように、「うちまき」と言って、邪気《じゃき》を払《はら》うために米をまき散らす風習《ふうしゅう》がありました。

ここに挙《あ》げたものは、「稲」にまつわる物語や神話のほんの一端《いったん》ですが、「稲」が私たち日本人の生活と文化に深く関わっていることがわかるでしょう。

◇「稲穂《いなほ》の心」とは

しかしそれでも、「12の菩提心《ぼだいしん》」を眺《なが》めたとき、「稲穂」は、他の「月」や「空《そら》」、また「山」や「大地」や「海」「太陽」などと比《くら》べ、ある意味で、もっともささやかで、さりげないものに感じられるのではないでしょうか。

「稲穂の心」を表すのは、実りのときを迎える、わずか一束《ひとたば》の稲穂です。確かに、空や海、大地の広大さ、山の巨大さ、太陽の限りなさ、月の遥《はる》かさとは比べるべくもないように思えます。しかし、その「稲穂」が私たちの身近な足元で、決定的にかけがえのない境地を伝えてくれるのです。

「稲穂の心」とは、実るほどに頭《こうべ》を垂《た》れる感謝の心の菩提心――。自《みずか》らが実りを結ぶと同時に穂先《ほさき》を下げてゆく黄金《こがね》色の稲穂は、あたかも世界への感謝を心に刻《きざ》む姿勢を表しているかのようです。それは恩恵《おんけい》を自覚する心と言えるでしょう。

春に水田《すいでん》に植えられた稲の苗《なえ》は、自然の環境と、多くの人手《ひとで》をかけられて育ち、やがて実りの秋に近づいてゆきます。稲が、この実りのときを迎えるまでには、米という漢字になぞらえて、八十八もの手間《てま》がかかると言われてきました。実際、様々に機械化が進んだ今日でも、三十以上もの手間をかけなければならないそうです。

つまり、稲穂が頭を垂れるために、数多くの支《ささ》えが必要であるということです。例えば、塩水を使って種もみをより分ける「塩水選《えんすいせん》」、もみを水につけて発芽《はつが》しやすくする「浸漬《しんし》」、種もみをまいてから温度を上げて芽を出させる「芽出《めだ》し」、田を耕《たがや》す「耕起《こうき》」、水を張った田をかきまぜて平《たい》らにする「代《しろ》かき」「田植え」、田の水を抜き根に酸素補給《さんそほきゅう》して苗《なえ》の分《ぶん》けつ（枝分《えだわ》かれ）を止める「中干し」、水を入れたり抜いたりして根の活力《かつりょく》を養《やしな》う「間断冠水《かんだんかんすい》」、刈り取りの一カ月前に水田から水を抜く「落水《らくすい》」……といった手間の数々。

これらのほかにも、肥料や水の管理、草刈りや害虫の駆除《くじょ》など、毎日、水田を回り、稲の状態を観察し、その声に耳を傾《かたむ》けて、繰《く》り返し作業することも多く、さらに上質の米をつくろうとするなら、その手間は限りなく増えてゆきます。

もちろん、それらに加え、自然が与えてくれる環境、太陽の光、温度、酸素、大地の滋養《じよう》……等々、これらすべてが注《そそ》がれて、初めて稲は実りを豊かにし、黄金《こがね》色に輝《かがや》く稲穂となって頭を垂れることができるのです。

「稲穂の心」とは、それらの恩恵を知る心でしょう。「稲穂の心」が教える感謝の心とは、ただ頭を垂れることではありません。自《みずか》らの実り――前進、成長、成功、獲得《かくとく》の理由やその背景を恩恵としてしっかりと受けとめ、それゆえに自《おの》ずから頭を垂れる心のことです。

もし自分が前に進むことができたとしたら、そこにはそれを助けてくれる人がいたのです。もし成長することができたとしたら、あるいは成功し、多くを獲得することができたとしたら、そこには必ず私たちを支え、助けてくれる存在があったということです。

「稲穂の心」とは、すでに自らに与えられていること、そして自らが支えられ、愛されていることを痛いほど受けとめて、そのことに限りない恩恵を感じる心にほかなりません。「稲穂の心」が深まると、自分という存在が独立自存《どくりつじそん》しているのではなく、多くのつながりによって支えられていることが見えてきます。今、自らがここにこうしてあることだけでも、多くの助力《じょりょく》、愛情や友情に支えられていることが感じられてくるのです。

そして、決して自分は孤独ではなく、人々と世界そのものに支えられて存在し続けることができる――。そのつながりを確信するようになるでしょう。

人々と世界に深い信頼《しんらい》を寄せ、それらと一つにつながっている自分だから、周囲の人たちのために、そして世界のために、応《こた》えて生きてゆきたいと願うようになるのです。

そのようにして恩恵の自覚を深める人は、必ず、世界に対する透明《とうめい》なまなざしと美しい志《こころざし》を得て歩むことができるようになります。その歩みは、さらに多くの実りをもたらすことになるでしょう。そして、その実りによってますます多くの恩恵を自覚するようになり、感謝の念を深めてゆきます。実りと感謝の循環《じゅんかん》を深めてゆくのです。

そこに、実るほどに――自らが成長し、実りを結ぶほどに、頭を垂れる――感謝の念を深くしてゆく「稲穂の心」が完全な姿で現れてゆくのです。

◇杉田玄白《すぎたげんぱく》とファラデー

わが国初の西洋医学の解剖学書《かいぼうがくしょ》である『解体新書《かいたいしんしょ》』の翻訳《ほんやく》で知られる杉田玄白（一七三三～一八一七）は、長く続いた鎖国《さこく》の時代にあって、わが国の医学に新しい道を開いた先駆《せんく》者《しゃ》であり、「稲穂《いなほ》の心」を抱《いだ》いていた人でした。

すでに著名《ちょめい》な医師となっていた晩年《ばんねん》の玄白は、「医を生業《なりわい》とする者は、まず第一に自分の未熟を恥ずかしいと想う心を忘れてはならない」と言って、自《みずか》らの医術の未熟《みじゅく》さを忘れず、若い頃と同じように忙《いそが》しく往診《おうしん》に回っていたと言います。八十歳のときには、華岡青《はなおかせい》洲《しゅう》（世界で初めて麻酔薬《ますいやく》を開発し、世界初の全身麻酔手術に成功した）の門人《もんじん》から無痛《むつう》手術のことを聞き、青洲に丁重《ていちょう》な手紙を出しています。その中で、玄白は当時五十三歳の青洲を賞賛《しょうさん》し、手紙による教示《きょうじ》を頼《たの》み、さらには今後の知己《ちき》の一人に加えていただきたいとまで言っているのです。社会的身分においても、経験や年齢においても比較にならないほど格下《かくした》の青洲に対して、謙虚《けんきょ》で感謝と歓《よろこ》びに満ちた手紙を送るといった態度は、身分制度に縛《しば》られていた当時には、考えられないことでした。つまり、それだけ「恩恵《おんけい》」を忘れない人だったということでしょう。

また、電磁誘導《でんじゆうどう》や電気分解《ぶんかい》の法則、ベンゼンの発見などで知られる科学者マイケル・ファラデー（一七九一～一八六七）も、「稲穂の心」を生きた一人でしょう。生前、その業績に見合う地位・名誉・財産を断《ことわ》り続け、一介《いっかい》の科学者として真理探究《たんきゅう》の道を進んでいった姿勢（科学界の最高峰《さいこうほう》である王立《おうりつ》協会会長への就任《しゅうにん》の要請《ようせい》も断《ことわ》り、騎士号授与《きしごうじゅよ》も断り、平民《へいみん》を貫《つらぬ》く）――。そして、恩師に対しては、常《つね》にその恩義《おんぎ》を忘れず、科学者として師をしのぐようになっても、師を立て続けたと言われています。しかも、科学の歴史に偉業《いぎょう》を刻《きざ》みながらも、彼の遺志《いし》により、葬儀《そうぎ》も親族と数人の友人のみで行われ、墓碑銘《ぼひめい》には生没《せいぼつ》年とともにマイケル・ファラデーとだけ簡素《かんそ》な石に刻《きざ》まれています。恩恵の自覚が深かったがゆえの謙虚で清廉《せいれん》な人生だったのです。

◇率直《そっちょく》に感謝を表す

「稲穂《いなほ》の心」を持つ人は、どんなに立場を得ようと、慎《つつし》み深さ、謙虚《けんきょ》さを失わず、周囲の人たちや世界に心を開いて清々《すがすが》しく生きているでしょう。もし、そのような人に自分もなりたいと思うなら、その人は、「稲穂の心」を求めている人です。そして、何でも自分一人でできるとついつい考えてしまうような人、自分を周囲で支えてくれている人たちのことを忘れがちになっていると感じている人――。そのような人たちにとっては、とりわけこの「稲穂の心」を育《はぐく》んでゆくことが大切でしょう。

では、その「稲穂の心」を育むにはどうしたらよいのでしょうか。

まず、私たちは、実りのときを迎《むか》えて黄金《こがね》色に輝《かがや》く「稲穂」を心に念じましょう。その恩恵《おんけい》を深く知る「稲穂の心」に想いを馳《は》せるのです。「稲穂の心」の瞑想《めいそう》――一粒《ひとつぶ》のもみが大自然の恩恵と人々の献身《けんしん》を受けて立派な「稲穂」になって実りのときを迎えてゆく様子をイメージし、その「稲穂」になった自分を思い描《えが》いて、恩恵を噛《か》みしめて感謝を刻《きざ》む「稲穂の心」を身体《からだ》いっぱいに広げてゆく――。その時間を持てるならばなおよいでしょう（瞑想の方法については、巻末の付録1［一九〇頁］を参照）。

「感謝の心」があふれるとき、私たちはそれをどう表すでしょうか。頭を下げる、一礼する、手を合わせる……、そして「ありがとうございました」「助かりました」などの言葉に結ぶでしょう。つまり、感謝を率直に表すことがその第一歩です。

自分を常《つね》に他人《ひと》の上に置きがちだったり、人を信頼《しんらい》して心を開くことが苦手《にがて》だったりして、恩恵を感じること自体が難《むずか》しい場合、率直に感謝するということがなかなかできません。もし自分にこのような傾《かたむ》きがあることを少しでも感じたなら、まず感謝を率直に表すことに想いを向け、そして具体的に実践してみることが大切です。最初はぎこちなくても、その率直な行動の積み重ねが新しい始まりとなります。そのような歩みから開かれてくる心があることを忘れないでいただきたいのです。

けれども、「感謝の心」はそれだけではありません。例えば「ありがとうございました」と感謝の言葉を自然に言うことはできても、そのことに応《こた》える一歩を踏み出すことはどうでしょうか。感謝の言葉を表して「もう感謝は済《す》んだ」と思ってしまったり、あるいは「本当に応えることができるだろうか」と逡巡《しゅんじゅん》してしまう人もいるのではないでしょうか。「稲穂の心」が教える「感謝の心」とは、それに応える一歩があって完成するものです。恩恵に応えて初めて、感謝という心の環《わ》を結ぶことができると思っていただきたいのです。

◇5つの恩恵《おんけい》を見出《みいだ》し、それに応《こた》える一歩を踏み出す

それでは、「稲穂《いなほ》の心」をさらに育《はぐく》むための歩みを考えてみましょう。

これまで見てきたように、「稲穂の心」の核心《かくしん》は、恩恵を深く感じ、それに応えることにあります。ですから、「稲穂の心」を育むには、何よりも恩恵を深く受けとめることに向かってゆかなければなりません。

「今の自分がある」ということの中に、受けとめることのできる恩恵があります。家族の一員として暮《く》らしていることにも、高校や大学に通っていることにも、そして仕事をしていることにも、それぞれ受けている恩恵があるはずです。これまでの人生において、自分がどのような恩恵を注《そそ》がれてきたのか、それをしっかりと受けとめることは、「稲穂の心」を引き出してくれるでしょう。

私はかつて、「ものごとの1つの結果には、少なくとも5つの原因がある」とお伝えしたことがあります。何か問題が生じたとき、そこに5つの原因を見出そうとすることで、様々な関係の中で生じている問題の全体像に迫《せま》ることができるからです。

それと同様に、「私たちのもとに訪《おとず》れた1つの現実には、5つの恩恵を見出すことができる」と考えてみることから、「稲穂の心」を育む歩みを進めることができると思います。

今、あなたがどのような境遇《きょうぐう》に生きていようと——たとえそれが苦しいものでも、不満足なものでも、そこには必ず5つの恩恵が隠《かく》れている。もし恵《めぐ》まれた境遇だと感じているなら、それ以上の恩恵を受けていると考え、それを探《さが》してみていただきたいのです。

そして、いついかなるときにも、そこに隠れている5つの恩恵を見出すことができるとき、私たちは、その恩恵に応えて生きたいと思うでしょう。隠れていた恩恵を見出したら、それにどう応えることができるのかを考え、その一歩を踏み出すことに向かうということです。それが、「稲穂の心」を育む王道《おうどう》と言えるでしょう。

どんなに厳《きび》しい境遇でも、恩恵を見出していれば、卑屈《ひくつ》にならず、絶望《ぜつぼう》することなく、人や世界に対する信頼《しんらい》を持って歩むことができます。そして、どれほど大きく成功しているときでも、傲《おご》り高ぶって自分を見失うこともないでしょう。自分が受けている恩恵に応えることを忘れなければ、私たちの目が大きく曇《くも》ることは決してないと言っても過言《かごん》ではありません。

常《つね》に5つの恩恵を自覚し、それに応える歩みを続けるならば、私たちは自《おの》ずから、さらなる成長と実りに導《みちび》かれ、より深い恩恵の自覚を促《うなが》されて、「稲穂の心」を確かにする歩みを辿《たど》ってゆくことになるのです。

「稲穂《いなほ》の心」を育《はぐく》むエクササイズ

❶ **「稲穂の心」の瞑想《めいそう》** 一粒《ひとつぶ》のもみが多くの恩恵《おんけい》を注《そそ》がれて実りのときを迎《むか》える様子をイメージし、「稲穂の心」について想いを巡《めぐ》らす。黄金《こがね》色に輝《かがや》く「稲穂」を心にイメージし、その「稲穂」になった自分を思い描《えが》いて、恩恵を知る「稲穂の心」が身体《からだ》全体に広がってゆくことを念じる。

❷ **率直《そっちょく》に感謝を表す** 「ありがとうございました」「助かりました」など、素直な言葉や行動で感謝を表す。

❸ **人生の恩恵を受けとめる** これまでの自分の人生に注がれた様々な恩恵を書き出してみるなど、意識化して受けとめる。

❹ **5つの恩恵に応《こた》える** 現在の自分、今抱《かか》えている事態など、1つの現実に隠《かく》れている5つの恩恵を見出《みいだ》し、それに応えて歩み続ける。

泉の心

道なきところに道を切り開き、
不可能を可能にさせることができる、
智慧の心の菩提心

◇神聖で貴重な「泉」

「泉」は、地下水が自然に地表に湧出《ゆうしゅつ》したものです。自然の中では、例えば、富士山の白糸《しらいと》の滝のように岩の割れ目から水がほとばしるものであったり、山中《やまなか》湖近くにある忍野《おしの》八海《はっかい》のように、盆状《ぼんじょう》のくぼんだ底から湧《わ》き出て水を湛《たた》えるものであったり、あるいはどこからともなく水がしみ出して湿地《しっち》をつくるものであったりします。

多くは、山に降《ふ》った雨水が浸透《しんとう》して、長い時間をかけて地下水流となり、それが谷の側《そく》壁《へき》や崖《がけ》の下から、また低地の窪地《くぼち》や扇状地《せんじょうち》の先端《せんたん》から湧き出すものです。

人が生きてゆくうえで、水はなくてはならないものです。集落や田畑をつくろうとしたら、水源《すいげん》は絶対の条件と言えるものでしょう。ことに、井戸の技術がまだ発達していなかった時代、川や池が近くにない地域では、「泉」は特に貴重《きちょう》なものでした。そして、そのような背景も含《ふく》めて、「泉」はしばしば神聖視《しんせいし》されることになったのです。

古代インドの聖典《せいてん》『ヴェーダ』には、水が生命《いのち》を清《きよ》め、病を癒《いや》すという考え方が記《しる》され、ヨーロッパでも、フランスのサン・ソブール、イタリアのフォルリなどの泉は、新石器時代や青銅器《せいどうき》時代から治療に用《もち》いられた痕跡《こんせき》を残しています。

ギリシア・ローマの神話では、自然の力を表す泉は、樹木《じゅもく》や川とともに、ゼウスとの密接な関係を持ち、母なる大地から生まれたニンフ（妖精《ようせい》）たちに守られるものでした。実際に古代ギリシアの風習では、泉が雨乞《あまご》いに使われ、祭司《さいし》が樫《かし》の枝を山頂の泉に浸《ひた》して雨乞いの呪術《じゅじゅつ》を行ったとされます。特別な聖なる泉の水を一杯飲むと、預言《よげん》する力を与えられたり、贖罪《しょくざい》の供《そな》え物をした後、泉で身体《からだ》を洗い清めたりするなど、泉の水には清めの力があるとされたのです。

ローマの初代皇帝アウグストゥスの腹心《ふくしん》アグリッパ（紀元前六三～紀元前一二）は、ローマに七百の泉と百以上の噴水《ふんすい》をつくったと言われますが、それは、泉がそれだけ特別な意味を持っていたからでしょう。

さらに、有名なローマのトレビの泉のように、願《がん》をかける泉がヨーロッパ各地に存在し、十九世紀半ばに聖母マリアの出現の奇跡が起こったと言われる南フランスのルルドの泉は、現在も多くの病気平癒《へいゆ》を願う巡礼者《じゅんれいしゃ》が訪《おとず》れる場所となっています。

わが国でも、泉は、水源として大切にされてきました。集落における草分けの家は、水源の近くに建てられることが多く、他の家々は、その水を分けてもらうことで、従属的《じゅうぞくてき》な立場になったことも少なくなかったようです。干上《ひあ》がることのない泉は、それだけ大切なものであったということでしょう。神の恩恵《おんけい》であるからこそ、傍《かたわ》らに水神《すいじん》を祭り、「霊泉《れいせん》」と崇《あが》められることになりました。また、各地に広まった、弘法大師《こうぼうだいし》をはじめとする宗教者の伝説の中にも、水が乏《とぼ》しく困《こま》っているところで杖《つえ》をついて湧水《ゆうすい》の場所を教えたり、水を出したりしたという逸話《いつわ》が多く残されています。

こうした事例の一つ一つが、「泉」という存在の特別な響《ひび》きを伝えているのです。

◇「泉の心」とは

「泉」からの湧水《ゆうすい》は、先に述べたように、多くの場合、山岳《さんがく》一帯に降《ふ》り注《そそ》いだ雨が樹木《じゅもく》を含《ふく》めた地表に蓄《たくわ》えられ、浸透《しんとう》して地下水流を形成し、長い時をかけて、それが地表に湧《わ》き出てくるという経緯《けいい》を辿《たど》ります。幾重《いくえ》もの地層が緻密《ちみつ》な濾過《ろか》装置となって水を浄化《じょうか》し、そこから湧き出る水は、清水《しみず》となってあふれてくるのです。

澄《す》みきって宝石のように輝《かがや》く清水は、大地を潤《うるお》し、人々の渇《かわ》きを癒《いや》す生命《せいめい》の源《みなもと》です。野辺《のべ》に生きる多くの生命を支《ささ》え、そこに身を寄せた人々や動物たちの疲れと渇きを癒し、新たな生命の営《いとな》みを可能にします。

「泉の心」は、そうした生命や人々を支え、癒そうとする愛の心に通じています。「渇きを抱《かか》えている者たちよ、ここに来てほしい。そして、喉《のど》を潤し、渇きを癒してほしい。忍土《にんど》（誰《だれ》もが耐《た》え忍《しの》ばなければならない場所の意で、この世のこと）の中で傷つき疲れている人々よ、ここに身を寄せてほしい。この水辺《みずべ》で身体《からだ》を休め、このあふれる水で生命を清《きよ》め、潤してほしい」。「泉」はそう呼びかけているのです。

しかし、「泉」は、こんこんとあふれる水だけを与えているものではありません。「泉」から、尽《つ》きることなく澄みきった水があふれてくる様子を想像してみてください。私たちはそこに、自然のものでありながら、自然を超えた力がはたらいているのを感じることができます。それまでなかったものがどこからかあふれてくるという姿は、知られざる世界、見えない世界が確かに存在することを予感させます。「泉」はその次元とつながる入口であり、出口なのです。

私たちは、そのような「泉」に智慧《ちえ》の湧出《ゆうしゅつ》を重ねることができるでしょう。智慧は、努力によって獲得《かくとく》され、積み上げられてゆく知識とは異《こと》なり、人間の経験に支えられながらも、それを超えたところからやって来る力です。一人ひとりの深奥《しんおう》に流れる智慧の地下水流につながる、内なる「泉」から湧き出るものです。

私たちの深奥には、自《みずか》らを浄化し、錬磨《れんま》して到達した境地を抱《いだ》いた多くの名もなき魂《たましい》たちの智慧が、一つの流れになって湛《たた》えられています。その流れに触《ふ》れ、その叡智《えいち》をくみ上げることによって、私たちはどんな困難《こんなん》な状況にも、それを開いてゆく道を見出《みいだ》すことができるのです。どうすることもできないような困難な事態であっても、それを打開《だかい》する最《さい》善《ぜん》の道を導《みちび》く智慧を、私たちは、内なる「泉」からくみ上げることができるということです。

「泉」とは、生命を清め、潤す水を湧出するものであると同時に、限りない智慧を湧出するものでもある——。「泉の心」とは、道なきところに道を切り開き、不可能を可能にすることができる智慧の心の菩提心《ぼだいしん》なのです。

◇二宮金次郎《にのみやきんじろう》とエジソン

「泉の心」の輝《かがや》きを発《はっ》した人には、例えば幕末《ばくまつ》の時代、六百にも上る村々やいくつかの藩《はん》の経済再建《さいけん》に尽《つ》くし、幕府の命《めい》を受けて利根川《とねがわ》の治水《ちすい》事業や日光御神領復興《にっこうごしんりょうふっこう》にも携《たずさ》わった二宮金次郎（尊徳《そんとく》）（一七八七〜一八五六）がいます。金次郎が生涯《しょうがい》を捧《ささ》げた数々の事業は、天災人災がうち続く時代の、前例のない難事業《なんじぎょう》でした。それだけに、その歩みは、まさに道なき地点に一すじの道を開こうとする呻吟《しんぎん》の連続だったのです。その中で、金次郎は、勤勉《きんべん》な人に無利子《むりし》でお金の貸付《かしつ》けをする制度や、現在の信用組合の土台となるような五常講《ごじょうこう》というシステムなどを考案してゆきました。しかも、自《みずか》らの思想とそれに基づく改革の方法を「仕法雛形《しほうひながた》」として標準化し、誰《だれ》もが使えるようにしたのです。

そうした金次郎の内に絶えず息《いき》づいていたのは、藩主《はんしゅ》であっても農民であっても、誰もが自らの可能性を開花し、そのはたらきを果《は》たしてほしいという願いでした。その想いを祈り、念じた日々によって、最善《さいぜん》の道を求め、次から次に叡智《えいち》を引き出すことになったのでしょう。

また、電灯、映画、蓄音機《ちくおんき》、タイプライターなど、多くの発明を生み出し続けたトーマス・エジソン（一八四七〜一九三一）も「泉の心」を抱《いだ》いた人です。「天才とは、九九％のパースピレーション（発汗《はっかん》＝努力）と一％のインスピレーション（霊感《れいかん》）である」という彼が遺《のこ》した有名な言葉は、人間的努力を超えたところからやって来る力、智慧《ちえ》の泉の存在を伝えていると受け取ることもできるでしょう。彼は、例えば、電球のフィラメントになる竹を発見するために、世界中から六千種を超える植物を取り寄せて実験を重ね、解答があることを信じ、想像を絶《ぜっ》する忍耐力《にんたいりょく》をもって努力し続けることができました。そうした発明の営《いとな》みの根底にあった彼の願い――。それは、人間が単なる物質的繁栄《はんえい》のためだけではなく、精神的に生きられること、すなわち人間が単純労働から解放され、精神の高みをめざすことにありました。人々を驚嘆《きょうたん》させた発明の数々も、その願いに支えられてこそ生まれたものだったのです。晩年、エジソンは「私の発明は、すべて宇宙という『マスター・マインド』からのメッセージを受けとめ、練《ね》り上げただけなのです」と語っています。その人生は、まさに叡智《えいち》の「泉」にアクセスし続けた歩みであったと言えるでしょう。

◇内なる「泉」を信じる

道なき地点に道を開く「泉の心」を持ちたいと思う人は、少なくないと思います。尽《つ》きることのない智慧《ちえ》に近づくことは、誰《だれ》にとっても大きな魅力《みりょく》です。初めてのことに取り組むことが苦手《にがて》な人。今まではわりと順調にやってきたものの、新たなことに挑戦《ちょうせん》しなければばならなくて不安がある人。アイデアが必要な仕事なのに、最近はまったく思い浮かばなくて困っているという人……。そのような状況なら、なおさらでしょう。

では、どうしたら、その心を育《はぐく》むことができるでしょうか。

「泉の心」へのアプローチは、何よりもまず、あふれる清水《しみず》をもたらす「泉」をイメージし、「泉の心」を想うことから始まります。「泉の心」の瞑想《めいそう》と呼ぶべき心の集中の時間を持てるなら、わずかな時間でも取り組んでみましょう（瞑想の方法については、巻末の付録1［一九〇頁］を参照）。輝《かがや》くような清水が次から次にあふれてくる「泉」を心にイメージします。そして今度は、地中深く無限の地下水流とつながった、その「泉」になった自分を思い描《えが》きます。そして「泉の心」を身体《からだ》全体に広げてゆくのです。

「渇《かわ》いた大地を潤《うるお》したい」

「困難《こんなん》な事態に何とか道をつけたい」

「傷つき、疲れた人々を癒《いや》したい」

「泉」は、そう願っています。その「泉の心」を自《みずか》らの心に重ね合わせるように、こう念じてみてください。

「私は、限りない地下水流に通じるチャンネルの一つ。尽きることのない地下水流を導《みちび》く出口の一つ。目の前にいる人たちに、本当に必要な癒しと潤いがもたらされますように。この事態に、本当に必要な道すじが開かれますように……」

そのような願いと祈りを心の中心に抱《いだ》くことが、すべての始まりとなります。それこそ、「泉の心」の変わることのない源《みなもと》なのです。

そして、自らの中に、内なる「泉」をありありとイメージし、それが確かに存在していることを信じるという一歩を踏み出すことが必要です。それは同時に、尽きることのない地下水流を信じるという一歩でもあります。

多くの人々は、自分が抱く能力も愛情も限られていることを前提に行動しています。限られているから、それを注《そそ》ぐ対象を選別し、それを注がないものを数多くつくり出します。そして、自分の手には負《お》えないと思う事態や難題《なんだい》はあきらめ、投げ出してしまうのです。ときには、問題はすべて他人《ひと》のせいにして、自分は縁《えん》を切ろうとしてしまいます。

しかし、本当は、私たちの中には内なる「泉」が隠《かく》れていて、誰《だれ》もが尽きることのない水脈《すいみゃく》につながっています。私たちは自分が思う以上に、多くの「愛情」を他の人々にも他のものごとにも注ぐことができ、自分で考える以上に、どうにもならない困難で厄介《やっかい》な現実を解決する「智慧」を導くことができるのです。

私たちにとって、「泉の心」は、初めは固く閉じたままかもしれません。自らの中に尽きぬあふれがあるとは思えないかもしれません。しかし、その存在を信じて、それを育もうとしなければ、「泉の心」が開いて、その姿を現すことはないのです。

◇声なき呼びかけを聴《き》く

「泉の心」を育《はぐく》むには、現実の中で、自《みずか》らがいつも「道なき地点」に立っていることを意識する必要があります。私たちは、誰《だれ》もが自分自身の現実において、新たな挑戦《ちょうせん》をしています。そのことに気づこうと気づくまいと、仕事でも、学業でも、人間関係でも、必ず新しい次元を開く地点に立っているのです。

現実や事態が私たちに呼びかけていることがある――。「とどまりなさい」「改めなさい」「担《にな》いなさい」「超えなさい」等々。その「呼びかけ」を受けとめる姿勢を忘れず、どのような状況でも、求めるべき場所を尋《たず》ねて「呼びかけ」を聴き続けること。それが、「泉の心」

を育むことにおける一つの基本的な歩みとなるでしょう。「呼びかけ」は、私たちの知識や過去からやって来るものではなく、常《つね》にそれを超えた未来から、智慧《ちえ》の次元から訪《おとず》れるものだからです。

そして、普段《ふだん》はものごとの「表皮《ひょうひ》」だけを見てその「印象」で一喜一憂《いっきいちゆう》していたとしても、ものごとの「本体《ほんたい》」を受け取って「本心」で生きる私たちをめざすことも大切です。「泉の心」を育む歩みは、内なる井戸を掘り進めることに似ています。深奥《しんおう》からのあふれに出会うためには、それだけ自らの心を深く掘り下げなければなりません。それは、真実、他を想い、事態を想って、願いを刻《きざ》み、「呼びかけ」を聴き続ける日々の歩みから結晶化《けっしょうか》してゆくものです。

そしてある日、突然、天啓《てんけい》のように、そのときは訪れてくるでしょう。私たちの経験を超えた「智慧」が湧《わ》き上がり、事態を開く、一すじの道が見えてくる——。その体験を通して、私たちは、自らの奥深くに流れている「愛」と「智慧」の水脈《すいみゃく》を、本当に確信することができるようになるのです。そのようにして、「泉の心」は、私たちの中で花開いてゆくのです。

「泉の心」を育《はぐく》むエクササイズ

1 「泉の心」の瞑想《めいそう》　あふれる清水《しみず》をもたらす「泉」をイメージし、その「泉」になった自分をありありと思い描《えが》く。限りない智慧《ちえ》と愛情を注《そそ》ぐ「泉の心」が身体《からだ》全体に広がってゆくことを念じる。

2 「道なき地点」に立つ　自《みずか》らがいつも「道なき地点」に立っていることを意識し、今取り組んでいることを「新たな挑戦《ちょうせん》」として見直す。

3 「呼びかけ」を聴《き》く　目の前の現実や事態は、自分が見ているものがすべてではないと受けとめ、そこに声なき「呼びかけ」を聴き続ける。

川の心

一切のとらわれやこだわりを
洗い流すことができる、
清らかな心の菩提心

◇無常《むじょう》と清浄《せいじょう》の象徴《しょうちょう》

昔、アフリカの砂漠《さばく》地帯に住む人たちが、初めて緑豊《みどりゆた》かな国を訪《おとず》れたときのこと――。水量の豊かな「川」に差しかかったとき、一行《いっこう》はそこに立ち止まり、飽《あ》きることなく水の流れを眺《なが》めていたと言います。そして、しばらくして、その中の一人がガイドにこう尋《たず》ねました。

「これは、いつ終わるのか」

思いもつかない質問に戸惑《とまど》ったガイドが、この流れに終わりはないことを告《つ》げると、一行は驚嘆《きょうたん》し、さらに目を輝《かがや》かせてその流れに見入っていたそうです。彼らが住んでいた乾《かん》燥《そう》地域では、「川」は雨が降《ふ》る期間だけ現れて、その後はすぐに消えてしまう、流水のない涸《か》れ川だったのです。

しかし、このような「川」の流れに驚《おどろ》く感覚は、消えない「川」を初めて見た彼らだけのものではないでしょう。一時《いっとき》としてとどまることなく流れ続けている「川」には、本当に驚嘆すべきもの、畏《おそ》れるに足《た》る何かがあると思えるのです。

古代ギリシア人は、円盤状《えんばんじょう》の大地の周縁《しゅうえん》には「オケアノス」という巨大な川が環《わ》のように流れていて、それが世界中のすべての川や泉の源流《げんりゅう》であり、豊饒《ほうじょう》と生命の源泉《げんせん》であると信じていました。

インドのガンジス川のほとりにあるヒンズー教の聖地《せいち》ベナレスでは、多くの巡礼者《じゅんれいしゃ》が祈りを唱《とな》えながら沐浴《もくよく》します。そうすることによって、前世《ぜんせ》の罪《つみ》が償《つぐな》われ、良い来世《らいせ》がもたらされると信じられているのです。母なるガンジスの流れは豊饒の源泉であり、その水は瓶詰《びんづ》めにされて人々の末期《まつご》の水として使われていると聞きます。

また、中国では、『管子《かんし》』の水地篇《すいちへん》に「水を大地の血気《けっき》と呼ぶ」とあり、「川」は大地の血脈《けつみゃく》として生命にとってなくてはならないものとされていました。そして、それ以上に、孔子《こうし》（紀元前五五一頃〜紀元前四七九）が川辺《かわべ》に立って「逝《ゆ》く者はかくのごときか、昼夜《ちゅうや》を舎《お》かず」と語ったように、「川」の水の流れは、時やものごとが昼も夜もなく移《うつ》ろい続けていることの象徴であったと言えるでしょう。

わが国でも、鴨長明《かものちょうめい》（一一五五〜一二一六）が「ゆく川の流れは絶《た》えずして、しかももとの水にあらず」と言ったように、「川」の水の流れは、一切《いっさい》の現実の無常を象徴するものとして受けとめられています。

水は不定形《ふていけい》で、流動《りゅうどう》することをその本質としています。「川」は、その「流れる」性質をもっともよく体現《たいげん》しているものです。

その流れは、調御《ちょうぎょ》できなければ洪水《こうずい》を引き起こして多くの生命を危険にさらしますが、一方で、筏《いかだ》や船を運び、水車を回して、人々の生活に多くの益《えき》をもたらす動力源にもなります。

そして、「川」が持つ洗浄《せんじょう》作用、洗い清める力は、広く共通して認められるものです。世界各地で、「川」が沐浴や洗礼《せんれい》、禊《みそ》ぎを行う場となっていることはその現れです。

祇園《ぎおん》祭り、ねぶた流し、七夕《たなばた》など、わが国の様々な祭りが夏に集中するのも、疫病《えきびょう》が流行しやすいその時期に、害悪を「川」に流す意味があったと考えられています。

「川」は、私たちの世界が無常であることを教える象徴であり、同時に、様々な汚《け》れ《が》を洗い浄《きよ》め、流し去ってくれるものなのです。

◇「川の心」とは

読者の中には、自然の風景が好きで、中でも「川」のある風景が特別に好きだと感じている人もいるでしょう。

川辺《かわべ》に佇《たたず》み、流れる水面《みなも》を見ていると、飽《あ》きることがない。小さな小川でも、大きな河川《かせん》でも、どこまでも流れてゆく流れを見ていると、なぜか心が安らぎ、満たされてゆく――。そのような経験のある方も少なくないと思います。

「川」はただ一瞬もとどまることなく流れ続け、すべてのものを押し流してゆきます。そして、様々な汚《けが》れを洗い流し、流れ続けることによって、「川」は自《みずか》らも清浄《せいじょう》であり続けるのです。だから、「川」を見ているだけで、私たちの心は洗われ、想いが浄化《じょうか》されるのでしょう。こだわりやとらわれを解きほぐし、そこから離れることへと導《みちび》かれるのです。

人は、「川」のほとりで、その流れに時の流れを重ねて見つめます。すると、「川」は私たちに、それまで背負っていた重荷《おもに》を一度肩から下ろして、心を休めるように諭《さと》し、希望の未来を示してくれるのです。

一時《いっとき》としてとどまるものはない。すべては移ろい、流れ去ってゆく。それは、一切《いっさい》が常《つね》に新しくされるということ。状況は変化し、現実は移り変わる。新しい光が、今ここにも差している。あなたが背負っている重荷も決して固定的なものではなく、そこから自由になる新しい時が来る――。

「川」の流れがこのように教えるのは、個人的な受けとめ方の問題ということではありません。一人ひとりの現実、人々が織《お》りなす状況、それら一切を包含《ほうがん》する世界の法則として、「すべては新しくなる」ということが、そこに通底《つうてい》しているのです。

だからこそ、「川の心」とは、一切のとらわれやこだわりを洗い流すことができる清らかな心の菩提心《ぼだいしん》なのであり、この世界の中に生きる私たちは、「川の心」の種子を抱《いだ》いているのです。万物《ばんぶつ》の移り変わり、時の流れを映し、そして「すべては新しくなる」法則を知る「川の心」が、息《いき》づいているということです。

大切な事態に向かい合うとき、もし私たちの心の中に、とらわれやこだわりがしこりのようになっているとしたら、それは必ず、私たちの認識や判断に歪《ひず》みを与えます。あるがままに事態を捉《とら》えることを阻《はば》み、最善《さいぜん》の道を見極《きわ》める目に曇《くも》りをもたらしてしまいます。そして何よりも、そのこと自体に私たちは苦しむことになるでしょう。

そのようなときには、「川」の流れを想いながら、自分の心に向かって念じることです。「私の心の中に巣くう怒りや謗《そし》り、妬《ねた》みや恨《うら》み、僻《ひが》み、傲慢《ごうまん》、欺瞞《ぎまん》、疑念、愚痴《ぐち》、怠惰《たいだ》……。それらの想いが『川』の流れに洗われ、浄化されて、自由な心に少しでも近づくことができますように」と――。

そして、私たちは、今思い描くことのできる希望の未来に必ず近づくことができることを、強く信じなければなりません。私たちの「今」には、常に新しい光が注《そそ》がれている。「川」が遥《はる》か遠くまで流れてゆくように、私たちは、必ずその未来に近づいてゆくことができる――。そう思い、自らを新しくするのです。

◇宮沢賢治《みやざわけんじ》とガンジー

『銀河鉄道の夜』『雨ニモマケズ』など、宮沢賢治（一八九六～一九三三）の作品に触《ふ》れるとき、私たちは、生きとし生けるものの中に宿《やど》る生命《いのち》の輝《かがや》き、そして人間に内在《ないざい》された純粋な光に、心の汚《けが》れが浄化《じょうか》されるような不思議な感慨《かんがい》を覚《おぼ》えるのではないでしょうか。

それは、どこまでも誠実に光を希求《ききゅう》する賢治の精神世界をそこに見出《みいだ》すからでしょう。一方で賢治は、人間の内に潜《ひそ》む闇《やみ》への傾斜《けいしゃ》に、厳《きび》しく対峙《たいじ》したことでも知られています。この世を去る十日ほど前に著《あらわ》した書簡《しょかん》には、自己を卑《いや》しんだり同輩《どうはい》を嘲《あざけ》る心、自分を高みへ置こうとする心など、自らの煩悩《ぼんのう》に対する厳しい戒《いまし》めの言葉を遺《のこ》しています。賢治の生涯《しょうがい》には、自他の区別なく一切《いっさい》を浄化しようとする智慧《ちえ》――「川の心」の菩提心《ぼだいしん》の輝きが放《はな》たれていたのです。

また、非暴力《ひぼうりょく》による抵抗によって、インドの独立運動の父となったマハトマ・ガンジー（一八六九～一九四八）もまた「川の心」の輝きを放っていました。ガンジーが建国《けんこく》の精神としたサティア・グラハ（真理把持《はじ》）――。長い間イギリスの植民地となって誇《ほこ》りを失っていた祖国の人々が、西欧諸国を凌駕《りょうが》する高邁《こうまい》な精神によって独立をめざし、その誇りを取り戻すことができるようにということがガンジーの悲願《ひがん》でもありました。非暴力の抵抗は、その精神が具体的な形になった姿勢と言えるでしょう。屈辱《くつじょく》的な支配を続けたイギリスに対する恨《うら》みでも憎《にく》しみでもなく、新たな理想を動機とすることができる――。そこに一切を浄化する心を感じないわけにはゆきません。

◇今に届く新しい光を思い描《えが》く

忘れたいと思っても、どうしても忘れられない痛みがある。思い出したら、相手を恨《うら》み憎《にく》まずにはいられなくなる苦しさを抱《かか》えている。自分はこだわりが強いと思う。相手の不足があると、必ずそれをカウントして忘れない……。もし、そのようなことに思いあたる人がいるなら、きっと「川の心」を必要としている人でしょう。もちろん、「川の心」に憧《あこが》れを感じている人はその心を求めている人です。

そのような人たちが「川の心」を育《はぐく》むには、どうすればよいのでしょうか。

その始まりは、一時《いっとき》としてとどまることなく流れてゆく「川」のイメージを心に念じ続けることです。とどまることなく流れ続け、浄化《じょうか》と新生《しんせい》を促《うなが》す「川」をイメージし、その「川」になった自分自身を思い描いて、清らかな「川の心」が身体《からだ》全体に広がってゆくことを念じる、「川の心」の瞑想《めいそう》と呼ぶべき心の集中の時間を持てるなら、一日にわずかな時間でも取り組みましょう（瞑想の方法については、巻末の付録1［一九〇頁］を参照）。

そして「川」の流れに重ねて、万物《ばんぶつ》が流転《るてん》する「諸行無常《しょぎょうむじょう》」という理《ことわり》を深く感得《かんとく》し、心に染《し》みこませることです。あらゆる現実は変化過程の中にあって固定的、確定的なものではなく、変化し得《う》ることを受け入れる柔軟《じゅうなん》な心を育む必要があるのです。

そして、それだけでなく、私たちが足を置いている「今」に、常《つね》に新しい光が届いていることを想うことが大切です。絶《た》えず変化するということは、私たちが願う希望の未来を実現できるということでもあります。私たち自身は成《な》りゆく存在です。その私たちが成長し、深化《しんか》できるように、あらゆる現実もまた成長し、深化してゆくことを信じて、そこから開かれてゆく可能性を思い描いてみるのです。

部屋を掃除《そうじ》したり、汚《よご》れた服を洗濯《せんたく》したり、また、入浴《にゅうよく》したりするなど、日常生活においても、汚れやほこりを取り除いたりする浄化の時間を持つことも大切です。その後、清々《すがすが》しい気持ちで新しい未来を思い描く——。「今がすべて」なのではなく、時は新しい未来を私たちにもたらしてくれる——。現状に対して、いつも新たな願いを描くことを忘れず、それに向かって歩むことが、変化し続けるこの世界を「川の心」をもって生きることにほかなりません。

◇「正しさ」を深化《しんか》させる

とらわれやこだわりが人の心の中に生じるのは、なぜなのでしょうか。とらわれやこだわりとは、一言で言えば、「正しさ」への固執《こしつ》と言うことができるでしょう。その根にあるのは、「自分は正しく、相手は間違っている」という想いです。とらわれやこだわりを洗い流すとは、その想いを超えるということです。ただそれは、単純にその想いが誤《あやま》っていると認めるということではありません。なぜなら、人が感じている「正しさ」には何らかの根拠《こんきょ》があり、たとえ傍目《はため》にどんなに自分勝手な見方に思えても、当人にとっては正しいこと以外の何ものでもないからです。万人《ばんにん》が「おかしい」と思っても、「自分を守る」という生物の本能からすれば、一面の「正しさ」を持っているとも言えるでしょう。

つまり、「正しさ」には段階があり、人は誰《だれ》もがいずれかの段階の「正しさ」を抱《いだ》いていて、とらわれやこだわりは、自分が抱いている「正しさ」に固執するということなのです。

ならば、とらわれやこだわりを洗い流すとは、この「正しさ」を深化させてゆくということではないでしょうか。「川の心」を育《はぐく》む道の一つは、自分が守ろうとしている「正しさ」を見つめ、自分が抱いている「正しさ」に閉じこもらずに、その垣根《かきね》を越えて、次の段階の「正しさ」を受け入れてゆくということです。

例えば、自分だけではなく、相手も認める「正しさ」を求めてゆく。自分や家族、仲間だけが認める「正しさ」から、周囲の立場の違う人たちのことも考えた「正しさ」を、さらには地域も国も違う人たちのことも考えた「正しさ」、私たちが生きているこの時代だけではなく、遠い昔から遥《はる》かな未来に至《いた》る多くの人たちのことを考え、その人たちに対する責任を抱いた「正しさ」を求めてゆく——。それは、自分中心の、快苦《かいく》に基《もと》づく「正しさ」や利害に基づく「正しさ」から、事実に基づく正確さという「正しさ」へ、さらには他を生かす「正しさ」に向かう深化のプロセス（過程）でもあるでしょう。

そしてそれは、まさに、私たちが人として成長してゆく歩みそのものであり、私たちの中には、そのような成長の欲求が息《いき》づいているのです。

今、あなたがとらわれ、こだわっていることがあるとしたら、あなたはその「正しさ」を守りたいと思う一方で、その想いを解《と》き放《はな》って、次の「正しさ」を生きてみたいと思っているということを思い出していただきたいのです。自分が摑《つか》んでいる「正しさ」を意識したうえで、心を浄化《じょうか》し、より広く、より深い次の「正しさ」を求めてみる——。その歩みを続けることで、私たちは必ず、「川の心」の菩提心《ぼだいしん》を育んでゆくことができるのです。

「川の心」を育《はぐく》むエクササイズ

❶

「川の心」の瞑想《めいそう》　とどまることなく流れてゆく「川」を心にイメージし、様々に浄化《じょうか》と新生《しんせい》をもたらす「川の心」を思い描《えが》く。「川」になった自分を想像して、その「川の心」が身体《からだ》全体に広がってゆくことを念じ続ける。

❷

「今」に新しい光を注《そそ》ぐ　「今」に、常《つね》に新しい光が届《とど》いていることを想い、そこから開かれてゆく可能性を考える。掃除《そうじ》、洗濯《せんたく》、入浴《にゅうよく》など、日常生活においても、汚《よご》れやほこりを取り除いたり浄化する時を持ち、清々《すがすが》しい気持ちで、新しい未来を思い描く。

❸

「正しさ」を深化《しんか》させる　自分だけでなく、相手も認める「正しさ」を求めてゆく。快苦《かいく》、利害に基《もと》づく「正しさ」から、事実に基づく「正しさ」へ、さらに他を生かす「正しさ」へと、自分の「正しさ」を深化させてゆく。

大地の心

大地のごとく、あらゆる存在を育み、
その可能性を開花させることができる、
子を育てる「親の心」の菩提心

◇すべての母胎《ぼたい》である「大地」

「大地」とは、「天」に対する「地」を表した言葉であり、人間や万物《ばんぶつ》を育《はぐく》むものとしての広大な土地を指《さ》しています。「母なる大地」と言うように、私たちが「大地」という言葉を使うとき、すでにそこには、あらゆるものの母胎という意味が込《こ》められているのです。

「大地」の営《いとな》みとは、土壌《どじょう》としての土や砂、瓦礫《がれき》や岩、その奥に連なる幾重《いくえ》もの地層など、「大地」そのものだけでなく、そこに棲《す》むものたち、その土に根ざして生きているものたちを包含《ほうがん》する営みと言えるでしょう。「大地」に根を下ろした樹々《きぎ》、そこに咲く花々、地中の微生物《びせいぶつ》や虫たち、それらが集まった森林、その中で生活する多くの動物たち。見渡す限り広がる草原、そこで草を食《は》む牛や馬、羊《ひつじ》や兎《うさぎ》たち……。ある意味で、それらすべてが「大地」の営みであると言っても過言《かごん》ではありません。

ですから、「大地がすべての母胎である」とは、決して大げさな言葉ではありません。数限りない植物や動物たちは、「大地」に根ざすことによって初めて生きることができます。そして、その動植物と共に生きる人間も、「大地」を母胎としていると言えるのではないでしょうか。

◇本当の豊かさを教える「大地」

人間は、土地を耕《たがや》し、そこに作物の種《たね》を蒔《ま》いて育てるという営《いとな》みをずっと昔から続けてきました。今日《こんにち》のように機械化が進む以前、一人ひとりが土地と直接向かい合って作物を育てていたとき（もちろん、今日でもそのように農業を営んでいる方も数多くいらっしゃいますが）、人々は、田畑を耕しながら、そこに自分を超える大きな力を感じていたでしょう。

日々、作物の声に耳を傾《かたむ》けながら、「大地」と対話し、細《こま》やかな愛情を献身的《けんしんてき》に注《そそ》いでゆくと、やがて「大地」は、想像を超える実《みの》りをもたらしてくれる。それは、人々のまごころと、長い間、土に親しんで培《つちか》ってきた智慧《ちえ》と労力の惜《お》しみない奉仕《ほうし》に対して与えられる恵《めぐ》みです。「大地」がもたらす恵みには、限りがありません。来る年も来る年も、「大地」は恵みをもたらし続けるのです。

現代に生きる人々の多くは、「豊かさ」とは富の蓄積《ちくせき》であると考えています。もちろんそれは、今に始まったことではなく、遥《はる》か昔、人間が作物の余剰《よじょう》を蓄《たくわ》え始めた時代からのことです。そしてことに、交易《こうえき》によって富を蓄積しようとしたヨーロッパの重商《じゅうしょう》主義以来、

「豊かさ」を求めて多くの国々が富の獲得《かくとく》に奔走《ほんそう》してきたのです。それはその後、資本主義の時代になっても、基本的に変わらなかったと言えるでしょう。

では、その追求によって、世界は「豊か」になったのでしょうか。確かに、物質的に大変な「豊かさ」をもたらしたことは、否定できません。わが国は、その大きな恩恵《おんけい》を受けた国の一つでしょう。しかしながら、物質的な「豊かさ」と引き換えに、様々な困難を抱《かか》えることになったのも事実です。

グローバル資本主義が世界を席巻《せっけん》している現在、富の偏在《へんざい》は極《きわ》まり、一部にかつてないほどの富の蓄積が起こっている一方で、他方には限界を超える貧困《ひんこん》が生じています。富める国はますます富み、貧《まず》しい国はますます貧しくなる——。格差の拡大によって、私たちの世界は、一層困難な問題を抱え込むようになったと言っても過言《かごん》ではありません。世界を脅《おびや》かすテロの問題も、富の不均衡《ふきんこう》が大きな原因の一つと言えるでしょう。世界全体が「豊か」になる未来は、まったく実現していないのです。

「大地」が教える「豊かさ」は、そのような富とはまったく異《こと》なります。使えばやがてなくなってしまうものではありません。一つのところに集中すると、他のところには足《た》りなくなるものでもありません。「大地」の営みがもたらす「豊かさ」は、どこからか搾取《さくしゅ》するものでも、何かを犠牲《ぎせい》にして生み出すものでもありません。大地の無償《むしょう》の恵みは、土地を耕す人々の献身《けんしん》と響《ひび》き合い、応《こた》え合うように結びついて、それ自体から次々にあふれて生まれてくるもの。「大地」に関わるいのちが結びついて、無《む》から有《ゆう》を生じるように生まれる「豊かさ」です。

そのような「豊かさ」にこそ、私たちの世界が新しい形で、もう一度見出《みいだ》さなければならない未来の鍵《かぎ》が潜《ひそ》んでいるように思うのです。

◇「大地の心」とは

人は誰《だれ》も、人として深化《しんか》成長するにつれて、何を歓《よろこ》びと感じ、幸せと思うのかが変わってゆくものです。それは、3つの幸せ──「もらう幸せ」から「できる幸せ」へ、そして「あげる幸せ」へと段階的に深まってゆくと私は考えています。「大地」の営《いとな》みに通い合う献身《けんしん》と恵《めぐ》みは、その段階で言えば、まさに「あげる幸せ」の心と言うべきものであり、「布施心《ふせしん》」とも「贈与《ぞうよ》の精神」とも言えるものでしょう。

自分をはみ出して他のために尽《つ》くす歓びを知る心が、「大地の心」の菩提心《ぼだいしん》の根底にあるということです。

そして、「大地の心」は、様々ないのちを愛《め》でる、大きな受容《じゅよう》の心でもあります。それは、いのちの営みを守り、支《ささ》えようとする心であり、何よりも自分と縁《えん》を持つ存在たちが成長してやがて輝《かがや》くことを、変わることのないまなざしをもってずっと応援し、見守る「母なる心」だからです。

「大地の心」とは、大地のごとく、あらゆる存在を育《はぐく》み、その可能性を開花させることができる、子を育てる「親の心」の菩提心です。足《た》りないところがあるなら力になり、可能性があるなら何とか引き出そうとし、互いのいのちを輝かせるためならどこまでも共鳴《きょうめい》し合う心——それが、「大地の心」なのです。

けれども、私たちは、その象徴《しょうちょう》である「大地」そのものの存在を確かに受けとめているとは言えません。都会に暮《く》らしていると、「大地」はアスファルトやコンクリートに覆《おお》われて、その姿を見せることはめったにありません。一方、郊外《こうがい》や田園地方、風景の美しい海岸地方や山間《やまあい》に住んでいる人にとっては、あまりに当たり前になって意識することも稀《まれ》なのではないでしょうか。

人が住む家々も、人々が働いている無数のビル群も、すべては「大地」に支えられているのに、私たちはその事実を忘れています。雨が降《ふ》った後、公園や、森や林の木立《こだち》の中で、突然、濃密《のうみつ》な土の匂《にお》いに驚《おどろ》かされるのは、普段《ふだん》、私たちが「大地」の上に生きる存在であることをいかに忘れているかということの証《あかし》でもあるでしょう。

それでも私たちが「大地」に対して強い想いを託《たく》すことができるのは、人がその内側に「大地」を抱《いだ》いているからです。

それは、私たちが「魂の大地」と呼ぶべき次元を抱いているということです。「魂の大地」とは、心の奥深く、魂の次元に降りていった、その先にある場所――。そこでは、自他の区別はありません。人間だけではなく、樹々《きぎ》も花々も、動物も岩も石も、すべてがただ一つにつながって存在しています。まさに、「大地」の営みのように、様々な存在が結びついているのです。そして、だからこそ私たちは、そのような次元に根ざして、互いの良き「縁《えん》」（支え助ける人）となることができるということなのです。

◇澤田美喜《さわだみき》とカーネギー

「大地の心」を生きた人としては、第二次世界大戦直後の日本で、進駐軍《しんちゅうぐん》と日本人女性との間に生まれた戦争混血孤児《こんけつこじ》たちの救済と養育に半生《はんせい》を捧《ささ》げた、澤田美喜（一九〇一～八〇）が思い浮《う》かびます。川や溝《みぞ》、道端《みちばた》に、無惨《むざん》にうち捨てられた孤児の死体が急増した当時、彼女は、列車内で、死亡した混血孤児の母親に間違われたことをきっかけに、日本中の混血孤児たちの「母となる」ことを決意します。

財閥令嬢《ざいばつれいじょう》として生まれ、何不自由なく育った美喜でしたが、戦後、財産は没収《ぼっしゅう》されたため、持ち物のすべてをお金に換《か》えて、多額の借金と募金《ぼきん》で養育施設を始めます。進駐軍からの執拗《しつよう》な妨害、窮乏《きゅうぼう》する経営、世間の偏見《へんけん》や反感との闘《たたか》い――。しかし、彼女を打ちのめした最大の試練は、身を削《けず》るようにして育てながら、ぐれて犯罪を重ねる少年たち、就職先を世話しても身を持ち崩《くず》してしまう少女たちのことでした。涙を流しながら救いの道を求めていたとき、ふと、ミレーの「落ち穂拾《ぼひろ》い」――刈《か》り入れの終わった畑の大地で、落ちこぼれた麦の穂《ほ》を丁寧《ていねい》に拾う貧しい農婦たちの絵が、目にとまります。その瞬間、「まだ、私は落ちている穂を拾わなくてはならない」――そう思った美喜は、再び立ち上がり、保母たちと共に、三十二年間で、二千人以上の孤児たちを育て上げたのです。

また、貧しい生い立ちから苦労して世界一の鉄鋼会社を築《きず》き上げ、手にした富と後半生《こうはんせい》を慈善《じぜん》事業に捧げたアンドリュー・カーネギー（一八三五〜一九一九）にも、この「大地の心」の輝《かがや》きを見出《みいだ》すことができます。

カーネギーの社会的な救済・支援事業の特徴は、人を依存《いぞん》させずに、本人が自律《じりつ》して可能性を開花できるように支《ささ》え励《はげ》ます、という点にありました。例えば、「真の英雄は同胞《どうほう》に奉仕《ほうし》し、救う人たちである」との信念から創《つく》った「善行基金《ぜんこう》」があります。人の善行に報《むく》いるとともに、善《よ》いことを行って命を落とした人の遺族や、災害などで家計の担《にな》い手を失った家族を支えるための画期的《かっきてき》な基金で、カーネギーは、それを他の国々にも広めていったのです。

人の熱意と長所を引き出す、と周りから敬愛されたカーネギーは、感謝とともに人々の可能性を最後まで励まし賞賛《しょうさん》しました。その墓碑銘《ぼひめい》には「おのれよりも賢明なる人物を身辺に集むる法を心得しものここに眠る」と刻《きざ》まれています。

◇「見守る心」を育《はぐく》み、「縁《えん》」として歩む

「大地の心」に憧《あこが》れ、大きな魅力《みりょく》を感じている人だけではなく、親として家庭を営《いとな》んでいる人、職場で幾人もの部下を抱《かか》えている人、また学校でクラブや委員会の長としての責任を担《にな》っている人はそれだけで、関わる人たちの可能性を引き出す「大地の心」を必要としているでしょう。

それでは、その「大地の心」の菩提心《ぼだいしん》を育むために、私たちは何から始める必要があるのでしょうか。

それは、何よりもまず、忘れがちになっている、母なる「大地」のことを思い出すことです。「大地」を想い、「大地」のイメージを強く心に刻《きざ》むことから、私たちは歩み出すべきでしょう。

一日に一度、「大地」を踏みしめて、その上に生きるものであることを思い出し、私たち自身がこの「大地」から生まれ、「大地」の営みに支《ささ》えられ、守られていることを念じることが始まりです。

私たちが先に見た「大地の営み」とは、「布施心《ふせしん》」——献身《けんしん》と無償《むしょう》の恵《めぐ》みが結びついて、

あふれるような「豊かさ」が生まれる現実でした。そのような、支え合い、与え合う土壌《どじょう》が、「大地の心」の核心《かくしん》です。私たち自身が、そのような土壌そのものになれるように、心に念じるのです。

また、「大地の心」の瞑想《めいそう》と呼ぶべき心の集中の時間を持てるなら、ぜひ取り組みたいものです。関わる生命のすべてを支え、育む「大地」をイメージし、その「大地」になった自分自身を思い描《えが》き、身体《からだ》全体に「大地の心」が広がってゆくことを念じるのです（瞑想の方法については、巻末の付録1［一九〇頁］を参照）。

そして、次に、「見守る心」を育てることです。

一つの事態でも、一つの仕事でも、一人の方でも、忘れることなくずっと見守ることができるならば、もうそれだけで、そこには「大地の心」のかけらが生まれています。

人は、何かをずっと心にかけることが苦手です。強い関心を抱《いだ》いていたものでも、たいていは濃淡《のうたん》があります。あるときは気にかけていても、いつの間にか心が遠のいているという具合です。ましてや、それが直接、自分の利害に大きく関わるものではないことなら、なおさらでしょう。その心を大きく変える必要があるのです。

一つの事態が決着《けっちゃく》しても、仕事の結果が出ても、一人の方が人生の節目《ふしめ》を迎《むか》えても、なお心にかけ、意識的に見守り続けるのです。自分が「終わった」と思っても、その事態も、仕事も、その方の人生も、終わることなく続いている――。「見守る心」は、それを知る心です。そして、一つの事態、一つの仕事、一人の方から、もう一つ、もう一人と、見守る対象を広げてゆくのです。

さらに、「大地の心」の中心には、「見守る心」とともに、「縁」（支え助ける人）として生きる歓《よろこ》びが満ちています。私たちは、隣人《りんじん》や人々にとっての「縁」としてはたらき、「縁」として尽《つ》くすことを通じて、「大地の心」を育んでゆくということです。

「大地の心」は、そこに生きる生命《いのち》が自《みずか》ら成長し、花を開き、輝《かがや》くことを願っています。「そのためならば、自分にできることは何でも尽くそう」と思っています。

自分が「因《いん》」（主人公）として中心になって生きることではなくても、「縁」としてできることに限りを尽くす――。「縁」として支え、助け、守り、尽くすことを重ねる中で、「大地の心」の菩提心はつくられてゆくのです。

「大地の心」を育《はぐく》むエクササイズ

1

「大地の心」の瞑想《めいそう》　可能であれば、一日に一度は「大地」を踏《ふ》みしめて立ち、「大地」のことを思い出す。すべてを支《ささ》え生かす「大地」をイメージし、その「大地」になった自分を思い描《えが》いて、「大地の心」が身体《からだ》全体に広がってゆくことを念じる。

2

「見守る心」を育てる　一つの事態が決着《けっちゃく》しても、仕事の結果が出ても、一人の方が人生の節目《ふしめ》を迎《むか》えても、なお心にかけ、見守り続ける。さらに、もう一つの事態、もう一人の人と、見守る対象を広げてゆく。

3

「貢献《こうけん》」の実践　自分が「因《いん》」（主人公）として中心になって生きることはなくても、「縁《えん》」（助力者）として、支え、助け、守り、尽《つ》くすことを重ねてゆく。

観音の心

相手の苦しみを全身全霊で受けとめ、
その痛みを取り除こうとする慈悲の心の菩提心

◇「菩薩《ぼさつ》」とはいかなる存在か

「観音《かんのん》」とは、「観音菩薩」のこと——。そして、「菩薩」とは、サンスクリット語で「ボーディ・サットヴァ」と言います。「ボーディ」＝「菩提《ぼだい》、悟《さと》り」、「サットヴァ」＝「人、衆生《しゅじょう》」で、「悟りを求める人」という意味となり、元来《がんらい》は、釈尊《しゃくそん》が悟りに至る前の前世《ぜんせ》を含めて、修行《しゅぎょう》に励《はげ》む姿だけを指《さ》す言葉でした。

東南アジアを中心に伝承されてきた上座《じょうざ》仏教（大乗《だいじょう》仏教徒は「小乗《しょうじょう》仏教」と呼びました）では、何よりも釈尊が説いた四諦《したい》（苦《く》・集《しゅう》・滅《めつ》・道《どう》）の法を修得《しゅうとく》して修行の最高段階に達した人、「阿羅漢《あらかん》」になることをめざします。仏法の修得は全人格的な意味を持っていますが、それでもその重心は自己の深化《しんか》・完成にあると考えることができるでしょう。

そのようなあり方に異《い》を唱《とな》えたのが大乗仏教です。もともと上座仏教でも、釈尊が大悟《たいご》を得たのは、その人生における厳《きび》しい修行のみならず、幾度もの前世において慈悲行《じひぎょう》に尽《つ》くしたからであると考えられていました。それなのに、ただ「阿羅漢」となる生き方を求めるのは、釈尊の神髄《しんずい》とも言うべき慈悲行を切り捨てかねないものだと批判したのです。

そして、釈尊の前世譚《たん》『ジャータカ物語』に出てくる、慈悲行に尽くす菩薩としての釈尊こそ、自分たちのモデルであるとし、その慈悲行を「菩薩行」として掲《かか》げて何よりも尊《とうと》ぶようになったのです。

かつて釈尊一人の存在だけを指していた「菩薩」という言葉は、慈悲行という「菩薩行」に取り組むすべての人を指す言葉となったということです。

こうした歴史的な背景を踏まえたうえで、私は、「菩薩」の存在について、次のように考えたいと思います。

本書の主題でもある「菩提心《ぼだいしん》」の本質は、「本当の自《みずか》らを求め、他を愛し、世界の調和に貢献《こうけん》する心」と捉《とら》えることができるものです。そのような「菩提心」を自分の中から掘り起こそうとする「菩提心発掘《はっくつ》」という生き方こそ、私は、人を「菩薩」たらしめるものだと考えています。すなわち、「菩提心発掘」を志《こころざ》し、その歩みを進めようとするなら、その一人ひとりはすでに「菩薩」と言うべき存在なのです。

◇「観音菩薩《かんのんぼさつ》」が愛される理由

世に知られた「菩薩」には、様々な姿があります。

例えば、弥勒《みろく》菩薩は、現在は兜率天《とそつてん》にいて、五十六億七千万年後の未来に、この世に弥勒仏《ぶつ》となって現れ、人々を救済するとされています。後に阿弥陀仏《あみだぶつ》となった法蔵《ほうぞう》菩薩は、「すべての衆生《しゅじょう》が救われない限り……」と、自分の救い、仏《ほとけ》になることは最後にと願った菩薩です。

すでに仏の悟《さと》りに至っているにもかかわらず、なお菩薩であり続けて人々の救いに励《はげ》んでいる存在もいます。文殊《もんじゅ》菩薩や普賢《ふげん》菩薩、勢至《せいし》菩薩や地蔵《じぞう》菩薩がその代表です。

そして、観音菩薩もまた、自《みずか》らは悟りに達しているにもかかわらず、それを横に置いて、衆生の救いのためにはたらいている菩薩です。

「観世音《かんぜおん》菩薩」、あるいは「観自在《かんじざい》菩薩」とも呼ばれる観音菩薩は、サンスクリット語の「アヴァローキテーシュヴァラ」――すなわち、「アヴァ」＝「あまねく」、「ローキタ」＝「観《み》る」、「イーシュヴァラ」＝「自在者《じざいしゃ》」という意味で、自在に観《み》ることのできる菩薩を指《さ》しています。自在に観るとは、どこにどのような苦悩を抱《かか》えた人々がいて、どのような助けを求めているのかがわかるということです。あたかも一人ひとりの心の声＝音を観《み》るかのように受けとめて、それに応《こた》えることができるのです。

「観音」が人々を救済するとき、衆生《しゅじょう》の資質や境地に応じて、様々な姿形《すがたかたち》となって現れることができるのも、卓越《たくえつ》した繊細《せんさい》さを抱《いだ》いているからです。『法華経《ほけきょう》』には、衆生を救うために三十三の姿に変身して現れると説かれています。どのような状況にある人たちにも、救いの手を差し伸べようとする菩薩なのです。

そして、だからこそ、わが国では、観音菩薩は、多くの菩薩の中でもとりわけ愛されてきたのでしょう。観音菩薩に縁《えん》のある「三十三」という数にちなんで、三十三カ所の札所《ふだしょ》を巡《めぐ》る観音霊場《かんのんれいじょう》が、全国各地に七十以上もあると言います。

また、様々な宗派を超えて、「観音菩薩」を主人公とする『般若心経《はんにゃしんぎょう》』や『観音経《ぎょう》』『延《えん》命十句《めいじゅっく》観音経』などの経典《きょうてん》が親しまれていることもその証《あかし》です。

では、次に、『観音経』の一節を実際に見てみることにしましょう。

◇「観音《かんのん》の心」とは

仮使興害意《けしこうがいい》　たとえ誰《だれ》かが危害を加えようとして
推落大火坑《すいらくだいかきょう》　火の燃えさかる大きな坑《あな》に突き落とされても

念彼観音力《ねんぴーかんのんりき》　かの観音の力を念じるならば
火坑変成池《かーきょうへんじょうちー》　火の坑は変じて池となるだろう。

或漂流巨海《わくひょうるーこーかい》　あるいは大海に漂流《ひょうりゅう》して
龍魚諸鬼難《りゅうぎょうしょーきーなん》　竜《りゅう》や魚や諸々《もろもろ》の危険にあっても
念彼観音力《ねんぴーかんのんりき》　かの観音の力を念じるならば
波浪不能没《はーろうふーのうもつ》　波の中に溺《おぼ》れ沈《しず》むことはないだろう。

或在須弥峰《わくざいしゅーみーぶー》　あるいは須弥山《しゅみせん》の山頂から
為人所推堕《いーにんしょーすいだー》　誰かに突き落とされても
念彼観音力《ねんぴーかんのんりき》　かの観音の力を念じるならば
如日虚空住《にょーにちこーくうじゅう》　太陽のように虚空《こくう》にとどまって落ちることはないだろう。

或被悪人逐《わくひーあくにんちく》　あるいは悪人に追われて

堕落金剛山《だーらくこんごうせん》　金剛山から落ちたとしても
念彼観音力《ねんぴーかんのんりき》　かの観音の力を念じるならば
不能損一毛《ふーのうそんいちもう》　たとえ一本の毛でも損《そこな》われることはないだろう。

或値怨賊遶《わくちーおんぞくにょう》　あるいは怨《うら》みを抱《いだ》く悪人に囲まれ
各執刀加害《かくしゅうとうかーがい》　刀で害を加えられようとしても
念彼観音力《ねんぴーかんのんりき》　かの観音の力を念じるならば
咸即起慈心《げんそくきーじーしん》　彼らはただちに慈悲《じひ》の心を起こすだろう。

…………

『観音経《ぎょう》』のごく一部ですが、それでも十分に「観音」の力の特徴が示されているように思います。『観音経』では、「観音」の名を称《とな》え念じるならば、七難《しちなん》を免《まぬが》れることができると記《しる》されています。七難とは、火《か》難、水《すい》難、風《ふう》難、刀杖《とうじょう》難、鬼《き》難、枷鎖《かさ》難、怨賊《おんぞく》難とされ、降《ふ》りかかるあらゆる困難の象徴《しょうちょう》でしょう。

それらのすべてが、「観音」の力を念じることで取り除かれると示されるのです。経文《きょうもん》の中にたびたび出てくる「念彼観音力」という句《く》は、『観音経』全体で十四回にわたって繰《く》り返されます。

「かの観音の力を念じるならば」、すべての難が取り除かれ、事態は光転《こうてん》する――。

この経文を唱《とな》えた人は、繰り返される「念彼観音力」のリズムに、何とも言えない心強さを覚えることになります。信仰の不思議な力が充溢《じゅういつ》する経文です（ここでは、実際に唱える手がかりとして、リズムを考慮《こうりょ》したフリガナをふらせていただきました）。

「観音の心」とは、何よりも、その不思議な力強さを支える大きな心だと思っていただきたいのです。人々の様々な困苦《こんく》とそこからの救いを求める想いにまっすぐに応《こた》えようとする心であり、応えられるという不退転《ふたいてん》の心なのです。

そして、「観音の心」は、慈悲の心の菩提心《ぼだいしん》――。観音菩薩は、大慈大悲《だいじだいひ》をその本願《ほんがん》としています。「慈」とは、相手を包《つつ》み込み、慈《いつく》しむ温かな心。「悲」とは、相手の悲しみや苦しみを全身全霊《ぜんしんぜんれい》で受けとめて、共に悲しみ、それを癒《いや》そうとする「抜苦与楽《ばっくよらく》」の心にほかなりません。

◇法然《ほうねん》とナイチンゲール

「観音《かんのん》の心」の輝《かがや》きを発《はっ》した人にはどのような人がいるのでしょうか。例えば、平安時代から鎌倉時代への移行期に生きた法然（一一三三～一二一二）がそうだと思います。古代社会から封建社会へ、公家《くげ》の世から武家《ぶけ》の世へという、わが国の歴史の中でも大きな転換の時代。この相次ぐ政変と飢饉《ききん》の世に、力なく苦しみ、仏道修行《ぶつどうしゅぎょう》に専念《せんねん》するわけにもいかない市井《しせい》の人々を救うにはどうすればよいのか——。比叡山《ひえいざん》でも学才の誉《ほま》れ高く、「智《ち》慧《え》第一の法然房《ほうねんぼう》」と讃《たた》えられながら、人々のためにそう切実に問い続けたのが法然でした。

一心に弥陀《みだ》の名号《みょうごう》を念じ、自己や世界へのこだわりのすべてを阿弥陀仏《あみだぶつ》に託《たく》すことで安心の境地に誘《いざな》われることを確信した法然は、旧勢力からの度《たび》重なる誹謗《ひぼう》や妨害にも屈《くっ》せず、貴賤貧富《きせんひんぷ》の別なくあらゆる人々に念仏を伝えてゆきました。そして、貴族や武士から盗賊《とうぞく》、遊女に至るまで、各地の多くの人々に安らぎと生き直しの勇気を与えていったのでした。

また、「クリミアの天使」と呼ばれたフローレンス・ナイチンゲール（一八二〇～一九一〇）も、「観音の心」を育《はぐく》んだ一人と言えるのではないでしょうか。内気《うちき》で、上流階級の社交生活にも関心が低かった彼女は、裕福な家庭の娘が働くことなど家の恥《はじ》と考えられていた時代、給料を受け取らないという条件で父親を説得し、ロンドンの病院で看護師長に就《つ》きます。

やがて、一八五四年に始まったクリミア戦争で苦戦するイギリス軍の惨状《さんじょう》に心を痛めたナイチンゲールは、看護チームを組織して戦地に赴《おもむ》きます。そこで彼女が見たのは、多くの兵士が、戦闘による負傷よりも、寒さと栄養不足で衰弱死《すいじゃくし》してゆくという事実でした。内気な彼女は一転、軍担当者の無為無策《むいむさく》を尻目《しりめ》に自費で補給船を手配したり、衛生《えいせい》設備を改良するなど、驚《おどろ》くべき行動力で病院の改革に尽《つ》くします。苦しんでいる兵士たちの姿を見、救いを求める声を聴《き》いた彼女はそうせずにはいられなかったのです。

帰還《きかん》後も彼女は、陸軍の医療制度と陸軍病院の実態調査に乗り出し、まだ女性の参加や発言を認めていない当時の政界に対して、ヴィクトリア女王に直談判《じかだんぱん》してその支持を取り付け、陸軍大臣を説得して、医療体制や病院の改善を働きかけてゆきました。

晩年には、それまで社会の底辺《ていへん》にいる女性が生活のために就《つ》いていた看護師の仕事を専門職に高めるべく、看護師養成学校を設立。看護学と看護教育を確立してゆきました。

たとえ病身であっても、ナイチンゲールが示した強くたくましい足どり——。苦しむ人々のためにどこまでも闘《たたか》う心こそ、彼女が表した「観音の心」だったのではないでしょうか。

◇その人の立場に立って自分にできることを尽《つ》くす

「観音《かんのん》の心」を必要としている人——。自《みずか》らその心に憧《あこが》れを抱《いだ》き、心惹《ひ》かれてきたという人はもちろんのこと、例えば、他人《ひと》の心がわかるようになりたい、他人の痛みを受けとめられるようになりたいと望んでいる人にとっては、遥《はる》か彼方《かなた》に輝《かがや》くものではあっても、「観音の心」は求めるべき頂《いただき》であり、歩むべき方向を指し示《さ》してくれるものでしょう。

あるいは逆に、他の人々に対する関心が薄かったり、上から人を見てしまう傾向があったりする人も、この心を必要としているように思います。

では、その遥けき「観音の心」は、どのように育《はぐく》んでゆけるのでしょうか。

まず観音菩薩《ぼさつ》を心にイメージし、「観音の心」を想いましょう。心の中にそのイメージを深く描《えが》くことが始まりです。痛みを抱《かか》える、どのような人々の声も受けとめる「観音」をイメージし、その「観音」になった自分自身を思い描き、慈悲《じひ》に満ちた「観音の心」が身体《からだ》全体に広がってゆくのを念じる「観音の心」の瞑想《めいそう》と呼ぶべき、心の集中の時間にも取り組みます（瞑想の方法については、巻末の付録1［一九〇頁］を参照）。

観音菩薩は、これまでに見てきたように、徹底的に衆生《しゅじょう》の側に立つことのできる存在です。それゆえに、人々の心の中に響《ひび》いている小さな叫《さけ》びや助けを求める想いを見逃《のが》さず受信できるのです。

私たち人間の宿命の一つは、自分を中心にした世界しか見ることができないということです。事態や出来事も、人々の姿も、自分の側からしか捉《とら》えることができません。自分に重心を置いて生きることが自然であるということです。

ですから、もし私たちがその自分をはみ出して、例えば「その人の立場に立って考える」という一歩を踏み出すことができたら、それはささやかでも「観音の心」に近づく確かな一歩となるでしょう。

自分以外の人の心を察《さっ》すること——相手が、他の人が、どのような気持ちでその事態を受けとめているのか、何を望み、何を願っているのか、何を恐れ、何を心配しているのかに想いを馳《は》せてみる。するとやがて、それまで見えていなかった新たな現実に立ち会うことになるでしょう。「その人の立場に立って考える」ことは、複数の視点から現実を見直し、世界を立体的に捉えさせることになるからです。そして、その出来事に対して、かつて以上の、最善《さいぜん》の道を見出《みいだ》すことができるようになるのです。

その人の立場に立って考えたなら、次に、「自分にできることを尽《つ》くす」という歩みに向かってゆきましょう。それは、言わば「利他《りた》」の実践《じっせん》ということです。相手の立場に立つことによって見えてきた事態に対し、「自分には何ができるだろう」と考え、そのことに心を尽くすのです。

「相手の立場に立って、自分にできることを尽くす」。それは、ある意味で、特別なことには見えないかもしれません。しかし、「菩薩」の歩み、「菩提心発掘《ぼだいしんはっくつ》」の歩みには、そのような地道な歩みの積み重ねが大きな力を発揮《はっき》するのです。かつて偉大な菩薩として生きた、幾多《いくた》の魂たちの歩みには、必ずそうした誠実な歩みの積み重ねがあったことを私たちは知らなければなりません。

自らを超えて他を想う「観音の心」に近づく遥けき歩みは、その積み重ねの中で成就《じょうじゅ》してゆくのです。

「観音《かんのん》の心」を育《はぐく》むエクササイズ

❶ 「観音の心」の瞑想《めいそう》　どのような痛みの声も受けとめる観音菩薩《ぼさつ》の姿を心にイメージし、その「観音」になった自分を思い描《えが》いて、慈悲《じひ》に満ちた「観音の心」が身体《からだ》全体に広がってゆくことを念じる。

❷ その人の立場に立つ　衆生《しゅじょう》の側に立つ観音菩薩にならって、「その人の立場に立って考える」というささやかな一歩から始める。相手が、他の人が、どのような気持ちでその事態を受けとめているのか、何を望み、何を願っているのか、何を恐れ、何を心配しているのかに想いを馳《は》せる。

❸ 「思いやり」の実践《じっせん》　②の次に、他のために、自分にできることを尽《つ》くす。見えてきた事態に対し、「自分に何ができるだろう」と考え、そのことに心を尽くす。

颪の心

誰の心にも我意を超えた願いを蘇らせる、
颯爽とした「颪」のような無垢な心の菩提心

◇新たな世界をもたらす「風」

「風」と聞いて、皆さんは何を思い出されるでしょうか。

春風、北風、海風、山風、偏西風《へんせいふう》、貿易風《ぼうえきふう》、木枯《こが》らし、台風やハリケーン、竜巻《たつまき》……等々、風には様々なものがありますが、同時に、それらを貫《つらぬ》く姿があります。

例えば、宮沢賢治《みやざわけんじ》の『風の又三郎《またさぶろう》』には、そうした「風」のイメージが確かに託《たく》されているように思います。

ある強い風の日、高田三郎という謎《なぞ》めいた少年が、物語の舞台となる小学校に転校してきます。同級生たちは、彼のことを風の精《せい》、「風の又三郎」であるとうわさします。すると、それと符合《ふごう》するように、三郎が現れるとつむじ風が吹いたり、その中の一人には三郎がマントを着て空に舞《ま》い上がるのが見えたりします。風貌《ふうぼう》や服装も特異《とくい》で、自分の鉛筆《えんぴつ》を女の子にあげてしまったり、自分たちの知らない野山のことを語ったり、不思議な行動を取る三郎が一緒《いっしょ》にいるだけで、それまで変わりのなかった同級生の関係が揺《ゆ》らいでゆきます。そして、彼らの心に微妙な緊張や変化が生まれて、今まで触《ふ》れたこともなかった大人の世界や新しい世界を予感することになってゆくのです。

やがて、三郎は台風とともに、別れも告げずに転校してしまいますが、一陣《いちじん》の風のように突然現れ、嵐《あらし》とともに去っていった三郎は、同級生たちに忘れることのできない痕跡《こんせき》を残していったのです。

風は不意に訪《おとず》れ、樹々《きぎ》を揺《ゆ》らしたり、葉や果実を落としたり、ときには家を壊《こわ》したりして、また去ってゆきます。風によって、古きものに亀裂《きれつ》が入り、新しいものが運ばれてくる。それまで確固としたものに見えていた現実の隙間《すきま》に流れ入って、それを瓦解《がかい》させ、新しい世界を招《まね》き入れる――。

まさに、「風」が抱《いだ》いている象徴的《しょうちょうてき》な特徴を表しているのではないでしょうか。

◇新しい秩序《ちつじょ》を運んでくる「風」

そして、『風の又三郎《またさぶろう》』とは違った形で、私に「風」のことを思い出させてくれるのは、今から二十年ほど前に公開された映画『風の谷のナウシカ』（一九八四年、宮崎駿《はやお》監督）の主人公ナウシカです。

『風の谷のナウシカ』の舞台は、核兵器によって汚染《おせん》された未来の地球です。

地上の多くはシダ類や菌《きん》類の森「腐海《ふかい》」に浸食《しんしょく》され、人間の住む場所はごくわずかに限られていました。しかも、「腐海」が吐き出す瘴気《しょうき》（有毒ガス）と胞子《ほうし》の毒のために、防毒マスクなしでは安心できない不自由な生活を余儀《よぎ》なくされていたのです。人々は、「腐海」やその瘴気を吸って生息《せいそく》する蟲《むし》たちを恐れ、中でも多数の目と足を持つ巨大な戦車のような王蟲《おうむ》に対する嫌悪《けんお》感は特別でした。王蟲を怒《おこ》らせると、無数の群れになって死ぬまで突進し、その死骸《しがい》から腐海が爆発的に広がってゆくからです。

風の谷は、かろうじて海風に守られた人々の生活の場所で、五百人ほどの村人たちが暮らしていました。ナウシカは、風の谷の族長の娘で、飛行艇《てい》を操《あやつ》る風使いの女性戦士でした。また、彼女には、他の人にはない能力が備《そな》わっていました。テレパシーによって誰《だれ》とでも話ができ、腐海に生きる王蟲とも交感することができたのです。

やがてナウシカは、汚染された世界を浄化《じょうか》するはたらきを実は「腐海」が秘《ひ》めていることと、王蟲はその守役《もりやく》であったことを知ります。腐海も王蟲も決して敵《てき》ではないことを人々に伝えようとしますが、事態は、危機的な方向へ向かってしまいます。世界の覇者《はしゃ》になろうとする帝国トルメキアの兵隊が王蟲の子どもを傷つけてしまったことで、王蟲の怒りが爆発し、無数の王蟲が風の谷に向かって怒りの突進を始めてしまったのです。

そのとき、ナウシカは、まさに「風」となってそこに現れます。傷ついた王蟲の子どもと共に自《みずか》らの身をその群れの先頭に投げ出し、王蟲に語りかけ、怒りを静めようとするのです。しかし、勢いづいた王蟲の群れはすぐには止まれず、ナウシカは跳《は》ね飛ばされ、深い傷を負ってしまいます。すると今度は、怒りを静めた王蟲が金色の触手《しょくしゅ》を伸ばし、その傷を癒《いや》すのです。これまで一度も起こらなかった王蟲の群れと人間の間の和解が成し遂《と》げられるのです。

「風」を操《あやつ》り、自ら「風」となって事態に飛び込むナウシカの姿――。まさに、閉塞《へいそく》した困難な状況の中に一陣《いちじん》の風が吹き込むように、それまではどこにも存在していなかった新しい秩序をもたらすものとなったのです。

◇「風の心」とは

「風」は、強い風や暴風となって様々なものを破壊するために、ある面、恐れられてきました。しかしまた、その一方で、風は、それまで存在していなかった、何か清新《せいしん》なものを導《みちび》き、新しい息吹《いぶき》や大切な変化を遠くから運んでくるものでもあり続けました。一陣《いちじん》の風が吹き抜けるとき、それまでどこにもなかったものが生まれるのです。つまり、私たちが「風」に見ているのは、その二重の意味を体現《たいげん》したものであるということでしょう。

「風」は、堅固《けんご》な意志を持って吹いてきます。様々な条件やいきさつを吹き飛ばして、まっすぐに進む強さを抱《いだ》いています。その強さや堅固さが、動かし難《がた》かった現実に亀裂《きれつ》を入れたり、壁《かべ》のようになっていたいきさつを砕《くだ》いたりして、新しい空気を運び入れ、新たな現実をもたらすものとなるのです。

日々の中で、自分の身の周《まわ》りの現実が、何か澱《よど》んでいると感じることは少なくないでしょう。取り立てて大きな問題が生じているわけではないが、何かすべてが新鮮でなくなり、本当の意味で活性していないと感じる——。あるいはまた、私たちの心が一つの意見に固《こ》執《しっ》したり、一つの見方にこだわったりするとき、心の中には言葉にならない澱みが生じます。私たちが関わる場は停滞《ていたい》し、閉塞《へいそく》して、硬直《こうちょく》した状態に陥《おちい》ってしまうことがあります。

そこに「風」が吹くとき、それらの状態を一変させる新しい空気が流れ入るのです。実際に、閉めきった部屋の中で息苦しくなって窓を開け、風とともに新しい空気が流れ込んでくると生き返ったと感じるように、停滞していた空気が流動を始め、閉塞した状況に新たな光を導く穴が穿《うが》たれて、事態が動き始めるのです。光転《こうてん》の循環《じゅんかん》が始まるのです。

そこに流れ入《い》るものは、単に空気というだけではなく、智慧《ちえ》と光であると言っても過言《かごん》ではありません。

そして、そのとき生まれるもっとも大きな変化は、一人ひとりの奥に息《いき》づいていた大切な願いを蘇《よみがえ》らせ、その呼吸を復活させるということです。安定はしていても停滞し、埋没《まいぼつ》していた一人ひとりが、もともとの願いを思い出し、蘇らせて、いきいきと動き始める――。

そんな「風」が運んでくるのは、根源《こんげん》の光であり、始源《しげん》の智慧であり、一人ひとりの中心に息づく願いにほかなりません。すべてを支える光、変わることのない智慧、もともとの願い――。

「風の心」とは、こうしたはたらきを体現するもの――。「風の心」とは、誰《だれ》の心にも我意《がい》を超えた願いを蘇らせる、颯爽《さっそう》とした「風」のような無垢《むく》な心の菩提心《ぼだいしん》なのです。

◇高杉晋作《たかすぎしんさく》とルター

その「風の心」を生きた人とはどのような人でしょう。

例えば幕末の長州藩士《ちょうしゅうはんし》、高杉晋作（一八三九〜六七）がそうではないでしょうか。当時、長州藩は、外からは英米仏蘭《ふつらん》の連合艦隊の一斉砲火《いっせいほうか》を浴び、内にあっては幕府と薩摩《さつま》藩から京都を追われ、さらに幕府からの長州征伐《せいばつ》に遭《あ》うなど、まさに四面楚歌《しめんそか》の状態でした。晋作は、何としても長州の人々を守りたいという願いのもと、奇抜《きばつ》な発想で戦果《せんか》を上げてゆきました。四国連合艦隊との交渉の際も、巧《たく》みに賠償《ばいしょう》責任を幕府に負わせることに成功し、長州領内の一部租借《そしゃく》の要求に対しても突然『日本書紀』を大声で吟《ぎん》じて相手を煙《けむ》にまいてしまい、結局、イギリス総督も要求を諦《あきら》め、晋作に好感すら抱《いだ》いたと言います。また、晋作が考案《こうあん》した、身分に関わりなく誰《だれ》でも参加できる新しい軍隊である奇兵隊《きへいたい》には、農民、商人、僧侶、漁師《りょうし》などあらゆる階層の人々が集まりました。晋作は自《みずか》らが説いた「狂《きょう》の境地」を駆《か》け抜けました。それは、どうしようもない状態にあっては、我《われ》を忘れて無我夢中《むがむちゅう》ではたらくしかない、という意味です。まさに、その晋作の心が周囲に風を起こしていったと言えるのではないでしょうか。後に、伊藤博文《いとうひろぶみ》は、碑文《ひぶん》にそのような晋作のことを「動けば雷電《らいでん》の如《ごと》く、発《はっ》すれば風雨《ふうう》の如《ごと》し。衆目駭然《しゅうもくがいぜん》、あえて正視《せいし》するなし」と詠《よ》んで讃《たた》えています。

また、宗教改革者として知られるマルティン・ルター（一四八三～一五四六）も「風の心」の輝《かがや》きを放った人ではないでしょうか。イエスの没後《ぼつご》千五百年の時が経《た》ち、当時の教会の多くはもともとの原点からずれ、多くの矛盾《むじゅん》を抱《かか》えていました。その有り様に心を痛めていたルターは、煩悶《はんもん》の末、当時教皇庁の財源として盛んに販売されていた贖宥状《しょくゆうじょう》（罪の償《つぐな》いを免除する証書）の弊害《へいがい》をまとめた「九十五カ条の論題（提題）」を世に問いました。すると、「論題」はわずか二週間でドイツ中に、一カ月でヨーロッパ中に知れ渡り、人々に熱狂的な共感を呼び起こしたのです。

さらに、ローマ教会から破門《はもん》された後も、新約聖書をドイツ語に翻訳することによって、多くの階層の人々に聖書が浸透《しんとう》してゆくことになりました。教会が本来の使命を果《は》たさなくなっていた時代にあって、一人ひとりが聖書を介《かい》して神との絆《きずな》を結ぶことができるように――。そう願い、命を賭《と》して闘《たたか》ったルターが起こした宗教改革の風は、広くヨーロッパ各地に広がってゆき、歴史を大きく転換させていったのです。

◇大切な願いを見出《みいだ》し、まっすぐに歩む

このような「凪の心」に強く惹《ひ》かれてやまないという人は、それだけでその心を必要とし求めている人でしょう。しかし、そうでなくても、深い願いを生きる自分になりたい、他人《ひと》のまなざしの中で揺《ゆ》れ動いてしまう自分を変えたい、あるべき姿に迷《まよ》わずに向かってゆきたい……。そのように思っている人は、「凪の心」を必要としています。

では、その「凪の心」を自《みずか》らの内に育《はぐく》むには、一体どうしたらよいのでしょうか。

それにはまず「凪」のイメージを心に強く描《えが》き、自らが「凪」になりきって「凪の心」を想うことが始まりです。「凪の心」の瞑想《めいそう》と呼ぶべき心の集中の時間を持てるなら、一日に五分、十分でも取り組むことをお勧《すす》めします（瞑想の方法については、巻末の付録1［一九〇頁］を参照）。澱《よど》んだ空気を吹き払《はら》い、清新《せいしん》な秩序《ちつじょ》をもたらす「凪」をイメージし、その「凪」になった自分自身を思い描いて、「凪の心」が身体《からだ》全体に広がってゆくことを念じるのです。

そして「凪」のように、まっすぐに歩み、まっすぐに生きることを考え、取り組んでみることだと思います。少し考えればわかるように、ただまっすぐに歩み、生きようとして

も、簡単にできることではありません。「まっすぐに」というのは、道を機械的、直線的に進むということではありません。

「まっすぐに」とは、めざすべき場所、めざすべきものに対して、一心に向かう姿勢であり、全力で奉仕《ほうし》する生き方のことです。

遮《さえぎ》るものがあろうと、阻《はば》もうとするものがあろうと、まっすぐに進むことができるのは、めざすべき場所、めざすべきものがはっきりしているからです。

ですから、「風の心」を育むために何よりも大切なのは、私たちがめざすべき場所、めざすべきものをどれほど確かにクリアに抱《いだ》いているかということになるのです。

もちろん、そのめざすべき場所、めざすべきものに執着《しゅうちゃく》するというのは違います。執着では「颯爽《さっそう》とした」気配《けはい》は生まれようがありません。自分から重心をその場所、そのものに移して、その一事《いちじ》のために心を尽《つ》くすとき、私たちは自ら意識することなく、「風」のように歩み、「風」のように生きることに近づいてゆくのではないでしょうか。

普段《ふだん》生きている私たちは、大切なものをたくさん抱いています。大切なものの間で揺れ動きながら歩んでいます。その大切なものを一つ削《けず》って、また削って、一つに絞《しぼ》り込んで生きているとき、私たちは「まっすぐに」生きているということになるのです。

「凪の心」の菩提心《ぼだいしん》とは、誰《だれ》の心にも我意《がい》を超えた切なる願いを蘇《よみがえ》らせる颯爽とした無《む》垢《く》な心の菩提心――。そのような「凪の心」を育むことを願うなら、まず何よりも自ら自身が自分をはみ出して、その時その場で、奉仕すべきいのち、願いを見出して一心に生きなければなりません。

人は、そういう姿を見たとき、そういう生き方に接したとき、忘れていた大切な何かを思い出し、自分の中にもあった願いを探し始めるのではないでしょうか。

だからこそ、「今大切にすべきいのち」「この場で守るべきこと」「本当にこのことを通じて果《は》たしたい願い」が何であるかを見極《きわ》めた上で、その時々にこれらに全力で奉仕することができたか、確かめる「回帰《かいき》」の実践《じっせん》に取り組む――。「回帰」とは、大切な願いやいのちに立ち戻ることです。その歩みは、必ず「凪の心」を育んでゆくことになるのです。

「風の心」を育《はぐく》むエクササイズ

❶

「風の心」の瞑想《めいそう》 まず、澱《よど》んだ空気を吹き払《はら》う「風」をイメージし、新しい秩序《ちつじょ》をもたらす「風」になった自分の姿を強く心に描《えが》き、「風の心」が身体《からだ》全体に広がってゆくことを念じる。

❷

まっすぐに生きる 「風」のように、まっすぐに生きることを考える。めざすべき場所、めざすべきものを確かにクリアにして、普段《ふだん》、大切にしているたくさんのものを一つ削《けず》って、また一つ削って、もっとも大切なもの一つに絞《しぼ》り込んでゆく。

❸

「回帰《かいき》」の実践《じっせん》 その時々に、自分が「大切にすべきいのち」「この場で守るべきこと」「本当に果《は》たしたい願い」にまっすぐに全力で奉仕《ほうし》していたかを確かめる。

海の心

あらゆる個性を包容して、
全体を一つに結ぶことのできる
広き心の菩提心

◇この青き星をつくる「海」

私たちが「海」に対して抱《いだ》いているイメージは、どのようなものでしょう。「海」は、果《は》てしなく大きく広がるもの――。それは、限りなく広がる「空」と等しいほどの広大さを抱いています。そして、「空」がすべての人々の頭上《ずじょう》にあり、超越《ちょうえつ》するものであるのに対し、「海」はそこに無数の河川《かせん》が注《そそ》ぐように、あらゆるものを受け入れてゆくような深さと大きさを抱いています。

私たちが住む地球は、「水の惑星《わくせい》」と呼ばれています。地球の表面の約七〇％は「海」に覆《おお》われ、水量の九七・五％を海水が占《し》めていると言われています。「海」から蒸発する水は、毎日、富士山一個分で、一年間では五〇万立方キロメートルにも及びます。そして、その九割はそのまま海上に降《ふ》り注ぎますが、残りの一割は雨や雪となって地上に降り注ぎ、やがて川に流れ入り、最終的には「海」に戻ってくるのです。

生命の起源《きげん》が「海」であることは、よく知られています。かつて原始の地球の大気《たいき》には酸素がなく、「海」に誕生した生命が酸素を生み出し、それが大気に広がってゆくことで、生命が「海」から陸に上がったと考えられています。つまり、一切《いっさい》の生命は「海」から生まれてきたと言っても過言《かごん》ではないということでしょう。「海」があるからこの地球に生命が生まれ、私たちの地球は青き美しい星であり続けることができるのです。

◇光の「海」・意識の「海」

「海」は、時に応じて姿を変え、様々な印象を私たちに与えます。そこには、まるで無数の限りない姿が秘《ひ》められているようです。例えば、ドビュッシー（一八六二〜一九一八）の『海』という管弦楽曲《かんげんがっきょく》に耳を傾《かたむ》けていると、「変幻自在《へんげんじざい》に光り輝《かがや》く」としか言いようのない「海」のイメージが押し寄せてくるのを感じます。豊かで繊細《せんさい》な音の色彩によって、オレンジから紫へ、青から緑へ、そして漆黒《しっこく》から金色《こんじき》へ、微妙に、そして大胆《だいたん》に移り変わって光の粒子《りゅうし》を発散する「海」——。「海」は、まさに自在に呼吸し、無限の階調《かいちょう》を持つ光を内包《ないほう》するものであることを思い出させてくれるものです。

そしてまた、「海」は、人間の意識を想起《そうき》させるものです。海面の近くはその折々《おりおり》の条件によって、波立ち、荒れ狂《くる》い、あるいは穏《おだ》やかに波打ち、凪《な》ぐ表情を見せます。しかし、その激しく変化する海面から深くに降りてゆくと、常《つね》に変わらぬ静謐《せいひつ》さで、揺《ゆ》らぐことのない安定した状態を保《たも》っているのです。そして、その深いところから湧《わ》き上がってくる流れが、海面にも大きな影響を与えています。

「海」は、人間の身体《からだ》を巡《めぐ》る血流のように、その内に何層もの海流を張り巡《めぐ》らしています。私たちが知る、海上近くを流れる暖流と寒流ばかりではありません。「海」には、深層流という流れがあります。深層流は、深さ千メートル以上の深海を、北極海と北大西洋の間にあるグリーンランド周辺から、千年の時をかけてゆっくりと南極まで流れていて、それがいくつかの場所で海面近くの表層に湧き上がってくるのです。表面と深層が互いにつながり、影響し合っている人間の意識のようではありませんか。

『惑星《わくせい》ソラリス』という映画（一九七二年、タルコフスキー監督）をご存知でしょうか。そこには、限りない深さとやさしさを抱いた「海」のイメージを感じとることができます。

舞台は、惑星ソラリスを研究する宇宙ステーション。ソラリスは謎《なぞ》の天体で、惑星自体が一つの生命体のようなものだと考えられていました。しかし、研究は遅々《ちち》として進まず、それればかりか研究を阻害《そがい》する現象が次々と起こり、自殺者までも出してしまいます。ついに研究は推進不能と判断され、その終止符《ふ》を打つために、主人公が宇宙ステーションに向かいます。しかし、彼が到着してしばらくすると、何とそこに、かつて彼が死なせてしまった妻が現れるのです。

それは、ソラリスの「海」がもたらした現実でした。ソラリスの「海」は、人間の意識に感応《かんのう》し、その人の無意識の中から、もっとも深い痛みとなっていてすでに現実から失われてしまったものを蘇《よみがえ》らせるのです。主人公にとって、それは「妻」という存在でした。

主人公は、その記憶を蘇らせ、その現実と後悔をもう一度生き直すことになります。地球では、忘れ去られ、記憶の底に沈んでしまっていたものが、目の前の現実となって現れ、それと対話せずにはいられなくなるのです。

やがて他の乗組員は地球に戻ってゆきますが、主人公は、最終的に、再生された「妻」とともにソラリスに残ることを決意します――。

物語はそのように結ばれますが、ここではソラリスの「海」のことを考えてみましょう。ソラリスの「海」は、人間の意識に寄り添《そ》い、その底に沈《しず》んで忘れ去られようとしていた痛みの記憶を蘇らせ、そして、記憶を蘇らせるばかりか、現実には失われてしまった「それ」を、目の前の現実のようにリアルなものとして再現しました。「海」は、人間が経験するすべての想いを知っていて、どこかにそれを蓄《たくわ》えている。「海」は始源《しげん》のときから、無数のいのちの記憶を蓄えていることを語っていたのです。

この映画は、「海」が持つ、深々とした次元を感じさせてくれるものです。

◇「海の心」とは

「海の心」とは、あらゆる個性を包容《ほうよう》して、全体を一つに結ぶことのできる広き心の菩《ぼ》提心《だいしん》――。それは、何よりもまず、広く大きな心です。陸地に降《ふ》り注《そそ》いだ雨が河に流れ込み、その河が世界の国々を流れて様々なものを運びながら「海」に注ぐように、様々な個性、様々な違いを一つに結ぶことのできる心と言えるでしょう。それらを受け入れることができるほど、広くて深い心であるということです。

個性とは、違いでもあります。私たち人間は、違いに敏感《びんかん》です。異質なものに反感を抱《いだ》いたり、排斥《はいせき》したりします。違いを見るだけで、不同意であると考えたり、自分に対する否定であると憶測《おくそく》したりします。

もちろん、違いが反対や否定を意味することもあるでしょう。しかし、それを頭から何の疑問の余地もない全否定であると捉《とら》えてしまうと、私たちは、違いや異質さが抱いている可能性を少しも見ることができずに、拒絶的に、また対立的に対応してしまうのです。

私たちの現実は、違いに満ちているものです。例えば、私たちの人生をつくる条件一つを取っても、たくさんの違いに満ちています。両親を通じて流れ込んでくるものの見方や価値観という「血《ち》」、生まれ育った地域や土地から流れ込む習慣や価値観という「地《ち》」、そして時代・社会から流れ込んでくる知識や思想・価値観という「知《ち》」――。私たちは、この3つの「ち」の違いだけで、どれほど反感や憎《にく》しみを生み出してきたでしょう。

行動の仕方や振る舞《ま》い方の違いが仲間外《はず》れやいじめの原因になったり、少しの意見の違いが根深い争いの原因になったりします。「違い」が引き起こす問題には、それだけ深刻《しんこく》な呼びかけが響《ひび》いているのではないでしょうか。

「海の心」は、違いを違いとして包容する心です。それは、違いを曖昧《あいまい》にするものではありません。「海の心」は、私たちが違いや異質さを抱《かか》えざるを得ないことを知る心であり、違いを認めて、そこから出発することができる心です。そして、違いや異質さの奥底に、互いが抱いている共通部分を見出《みいだ》し、それを大切にすることによって、違いを条件として受けとめ、異質であるからこそ開かれる可能性を生かすことができる心なのです。

違いや異質さによって波立つことが避《さ》けられない場所から、いつも穏《おだ》やかで波立つことがなく、むしろ違いを超えて強く結びつく、人間としての共通の場所、そしてさらに魂の存在としての共通の場所まで潜行《せんこう》できる深い心と言えるでしょう。

◇桂小五郎《かつらこごろう》とリンカーン

「海の心」の輝《かがや》きを放った人には、例えば、幕末《ばくまつ》から明治維新《いしん》の激動の時代を生き抜いた桂小五郎（一八三三～七七）がいます。長州反幕派《ちょうしゅうはんばくは》の指導者的立場に立った桂は、村田蔵六《ぞうろく》など可能性のある人材を思い切って登用《とうよう》したり、勤皇《きんのう》の急先鋒《きゅうせんぽう》である水戸藩《みとはん》と密約を交《か》わして、過激な直接行動は避《さ》けて政治的に問題解決を図《はか》ろうとするなどの手腕《しゅわん》を発揮《はっき》しました。そこには、誰《だれ》も傷つけずに、調和的に問題の解決を図《はか》りながら全体を生かそうとする桂の真骨頂《しんこっちょう》があり、「海の心」の生き方を見ることができます。

また、奴隷《どれい》解放を決断したエイブラハム・リンカーン（一八〇九～六五）にも「海の心」

の輝きを見ることができます。十九世紀半ばのアメリカは、奴隷制を巡《めぐ》って南部と北部の対立が激化し、このまま行けば分裂《ぶんれつ》は必至《ひっし》という建国以来最大の危機に見舞《ま》われていました。リンカーンは、戦争を避けることはできなかったものの、両者の立場や言い分をよく受けとめた上で、奴隷制廃止《はいし》を宣言するタイミングや、廃止に至《いた》るステップを周到《しゅうとう》に考え、見事に分裂の危機からアメリカを救い出したのです。

そのリンカーンの心情をうかがい知る上で貴重な資料があります。それは、彼が暗殺される一カ月ほど前に行われた第二次大統領就任式における演説です。彼は南部の人々を決して憎《にく》むべき対象とは見ていませんでした。南部も北部も、偉大な国家建設の途上《とじょう》で起こった試練の哀《かな》しい犠牲者であり、神は両者の祈りの双方《そうほう》とも聞き届けられることなく、奴隷制度に対してこそ警告を与えられたと語った後、次のように述べています。「なん人《びと》に対しても悪意を抱《いだ》かず、すべての人に慈愛をもって、神がわれらに示し給《たま》う正義に堅《かた》く立ち、われらの着手した事業を完成するために、努力をいたそうではありませんか。国民の創痍《そうい》を包み、戦闘に加わり斃《たお》れた者、その未亡人《みぼうじん》、その孤児《こじ》を援助し、いたわるために、わが国民のうちに、またすべての諸国民との間に、正しい恒久《こうきゅう》的な平和をもたらし、これを助長するために、あらゆる努力をいたそうではありませんか」。あらゆる違いを超えて、すべてが一つに結ばれる次元、一切を包容《ほうよう》する光――まさに、「海の心」の響《ひび》きをここに感じずにはいられません。

◇「海」をイメージし、共通部分を見出《みいだ》す

「海の心」は、広くて深い心。そして、様々な個性や違いを包《つつ》み込んで、全体を一つに結ぶことができる心――。その「海の心」を必要としている人は、「海の心」に強い憧《あこが》れを感じる人はもちろん、自分の心が窮屈《きゅうくつ》になっているのを感じていたり、意見の違いや、しるしの違いに自分が過度に反応して、誰《だれ》かを排斥《はいせき》したり、何かを受け入れないようにこだわったりしているのを感じている人でしょう。

そのような私たちが「海の心」を育《はぐく》んでゆく道のりとはどのようなものでしょうか。

それは、何よりもまず、日々折々《おりおり》に「海」を想い、「海の心」の広さと深さをイメージする時を持つことから始まります。どこまでも広がる大海原《おおうなばら》、そして限りない深みを湛《たた》えた深海《しんかい》。無数の河川《かせん》が運んでくる様々なものをすべて受け入れる「海」――。そのような

広さと深さを、私たちの心がもともと抱《いだ》いていることを思い描《えが》くのです。それは、私たちの中にある「海の心」を呼び起こす手立てになるでしょう。

そして、可能ならば、「海の心」の瞑想《めいそう》とも言うべき、心の集中の時間を、日々の中に持つことも大切です。すべての存在を受け入れることができる「海」を心にイメージし、その深く広い「海」になった自分自身を思い描《えが》いて、「海の心」が身体《からだ》いっぱいに広がってゆくことを念じるのです（瞑想の方法については、巻末の付録１［一九〇頁］を参照）。

さらに、私たちの心が様々な個性や違いを包容《ほうよう》するには、違いの基《もとい》にある共通部分に対して、深い信頼を寄せていることが必要です。例えば、仕事で問題が起こり、どう対処するかで意見が食い違ったとき、その違いに心を荒《あら》立てる前に、目の前の問題の解決を同じように望んでいる私たちであることを心に刻《きざ》む必要があります。その共通部分をしっかりと受けとめることができるなら、違いを乗り越えることができるのです。

人と出会うとき、人と一緒に仕事をするとき、違いを気にするだけでなく、共通の部分を見つけ出すことを心がける――。その基に立って出会うことができるなら、違いは条件にしか過ぎず、可能性を引き出すものにもなるのです。どのような違いがあっても、その違いの奥に共通部分を見出し続けることは必ず、「海の心」を育む歩みになるでしょう。

人生の条件が与える様々な違いを受容し、包み込むには、「人間としての私たち」ということ以上に、「魂《たましい》の存在としての私たち」という原点を確かめることが大きな意味を持ちます。「魂の存在」という原点に立つならば、私たちはいかなる違いを抱いた人をも心を開いて受け入れることができます。それは、「寛容《かんよう》」の実践《じっせん》とでも言うべき取り組みです。

人間の本質は魂の存在であり、様々な条件を背負う人生を経験するために生まれ、それぞれの人生を歩んでいることが、確かに感じられるほど、個性や違いを「条件」として受けとめることができるようになります。そして、私たちはその共通の基に立つことによって、違いの意義をより深く認識できるようになり、次にその違いを生かすことができるようになります。それぞれが違いを個性として抱いていることの必然を受けとめて、それを全体のために生かせるようになるのです。

いかなる違いがあろうとも、私たちの誰もが共通に抱いている中心――。それを確かめ、基にすることから、誰の内にも宿《やど》っている「海の心」は、呼吸を始め、成長し、その姿をあらわにすることになるのです。

「海の心」を育《はぐく》むエクササイズ

1 「海の心」の瞑想《めいそう》 あらゆるものを包容《ほうよう》する「海」をイメージし、その広く深い「海」になった自分自身を思い描《えが》いて、「海の心」が身体《からだ》全体に広がってゆくことを念じる。

2 共通部分を見出《みいだ》す 違いだけを追うのではなく共通部分を大切にする。例えば、仕事で問題が起こり、どう対処するかで意見が食い違ったとき、その違いに心を荒《あら》立てる前に、目の前の問題の解決を同じように望んでいる私たちであることを心に刻《きざ》む。

3 「心を開く」実践《じっせん》 「魂の存在としての私たち」という原点を忘れず、人に対して心を開いて、個性や違いを条件として受けとめ、その可能性を生かしてゆくように関わる。

太陽の心

いかなる闇をも照らし、いかなる寒さをも和らげる、
「太陽」のような愛の心の菩提心

◇生命と光の象徴《しょうちょう》――「太陽」

最終章は、「太陽の心」の菩提心《ぼだいしん》です。

「お日様」「お天道様《てんとうさま》」「日輪《にちりん》」「火輪《かりん》」とも呼ばれてきた「太陽」については、すでに多くのことが知られています。

「太陽」は、広大な銀河系に存在する恒星《こうせい》の一つであり、その中の太陽系の中心に位置しています。そして、その惑星《わくせい》である私たちの地球にとって、もっとも近くにある恒星です。「太陽」の表面温度は六千度と言われ、さらに周囲に生じるコロナは百万度にも達するとされています。「太陽」の内部の中心は二五〇〇億気圧で、密度は水の約一五〇倍、温度は一五〇〇万度に達しています。

その内部では、熱核融合《かくゆうごう》反応が常時《じょうじ》起こり、一秒間にＴＮＴ火薬換算で「9×10^{16} t」という途方《とほう》もないエネルギーがガンマ線となって中心から光球と呼ばれる外側に向かって進み、二十万年の年月をかけて外に放出されています。それは、圧倒的な熱と光です。地球に到達するエネルギーは、そのうちのごく一部分にしか過ぎませんが、それでも一平方メートル当たり約七百ワットのエネルギーが届けられています。

そのような「太陽」は、地球上のあらゆる生命の源《みなもと》であり、生態系の全体を支《ささ》えている力です。例えば、私たちの食糧となる農作物の栽培《さいばい》と成長にもその熱と光は不可欠《ふかけつ》であり、人間の生理的な安定にも少なからず関わっています。数日間、雨模様《もよう》が続けば、気分は沈《ちん》鬱《うつ》になり、晴れ渡って「太陽」の光が降《ふ》り注《そそ》いでいれば、それだけで晴れやかで前向きな心持ちになるのは、誰《だれ》もが経験していることでしょう。寒い冬の時期、暖かい「太陽」の熱が生きる力となるように、また暗い闇《やみ》にあれば、明るい「太陽」の光が希望にほかならないように、「太陽」は、私たちに多くの面で影響を与え続けているのです。

「太陽」は、あらゆる天体の中で、私たち人間の生活にもっとも密接に関わっている特別な存在です。世界各地の神話や伝承において、最高神として描《えが》かれ、崇拝《すうはい》の対象となってきました。わが国においても、「太陽」は、天照大神《あまてらすおおみかみ》という最高神として人々の自然な敬《うやま》いの対象となってきました。

「お天道様に誓《ちか》って……」という言葉を人々が口にしてきたことも、それを端的《たんてき》に表していると言えるでしょう。「太陽」は、私たちの精神的な拠《よ》りどころであり、人間が歩むべき道を示すものでもあります。

こうして、熱と光の源であり、万物《ばんぶつ》を育《はぐく》み続ける「太陽」は、「光」「美」「生命」「青春」の象徴とされてきたのです。

◇「太陽の心」とは

「太陽の心」のことを考えるとき、まず私たちが念頭に置かなければならないのは、先に見たように、「太陽」が周囲に熱と光を送り続けているという事実でしょう。

「太陽」は、まぶしいほどに自《みずか》ら自身が明るく輝《かがや》き、力強いエネルギーに満ちた存在です。その明るさと力強さ、あふれるエネルギーは、「太陽の心」に必要な要素でしょう。けれども、「太陽」は、自分が輝いているだけの存在ではありません。自ら輝くことが、同時に多くの他のための熱と光になる――。「太陽」の輝きは、自らの輝き以上に他の輝きとなるものであり、他にとってなくてはならない生命を潤《うるお》すエネルギーであり、活力であり、勇気なのです。つまり、「太陽の心」とは、自ら輝くことが即《そく》自らを与えることになる心であるということです。それが、「太陽」が「太陽」である所以《ゆえん》であり、私はそこに「太陽の心」の核心《かくしん》があると思います。

「太陽」は、懸命《けんめい》に我《われ》を忘れて輝き、生きとし生けるものを守り育てる熱と光を、無償《むしょう》で平等に与え続けています。自らの快苦《かいく》や好悪《こうお》、損得、正邪《せいじゃ》、善悪などによって、区分けすることも差別することもなく、あらゆる人々や生命を等しく照《て》らしています。そこには、一切《いっさい》の分け隔《へだ》てのない、公平で公正な明るさ、大きさがあります。私たちが地上から肉眼で見ることのできる「太陽」は、それほど大きなものではありませんが、私たちが思い描《えが》くのは、遥《はる》かに大きな「太陽」なのです。

どのような人に対しても、どんなことが起ころうとも、変わることなく、堂々と明るい光と暖かい熱を注《そそ》ぎ続ける――。誰《だれ》に与え、誰に注ぐかということは少しも問題ではなく、与えること自体が大切だからでしょう。

では、他を照らし、他に与える「太陽」がいつも輝き続けることができるのは、どうしてなのでしょう。「太陽」は、自らの内部で新たなエネルギーを再生産し続けるように燃え続けています。

「自らを与える」力を私たちが再生産し続けることができるのは、それが私たち自身にとって何よりもの歓《よろこ》びになっているときではないでしょうか。世間の価値でもなく、他からの称賛《しょうさん》でもない――。自分自身にとって心からの歓びになっていれば、そこに生まれるエネルギーは尽《つ》きることがありません。

例えば、人を助けることでも、仕事をすることでも、それを本当に歓びとしている人は、それに尽くすことで新たなエネルギーを得ます。しかし、もしそのこと自体を歓びにできないなら、私たちは、常に消耗《しょうもう》の危険にさらされ、他からの称賛や評価など、外側から新たなエネルギーを注がれることをどうしても必要としてしまうでしょう。

「太陽の心」とは、「自らを与える」ことを歓びとする心です。歓びであるがゆえに、自らを与え続けることができ、一層まばゆく輝くことができるのです。

◇坂本龍馬《さかもとりょうま》とヘレン・ケラー

「太陽の心」の輝《かがや》きを放《はな》った人にはどのような人がいるでしょう。明治維新《いしん》の立役者の一人として多くの人々を魅了《みりょう》してきた坂本龍馬（一八三五～六七）はその一人ではないでしょうか。平和と平等を愛し、日本の夜明け前に、新しい未来のヴィジョン（彼がしたためた船中八策《せんちゅうはっさく》には、今の議会制度につながるアイデアさえありました）を示した龍馬に、私たちは人間が持つ可能性と希望の光を見ることができます。

龍馬がつくった商社「亀山社中《かめやましゃちゅう》」には、武士、町人、医者、農民が参加し、給料も皆平等でした。新しい日本を創《つく》る願いのもと、身分や敵味方を超えて、正邪《せいじゃ》・善悪で人を差別せず、人々の赤心《せきしん》に訴《うった》えて共に構想の実現に向かう――。同志の死を悼《いた》み、家族を思いやって書いた龍馬の手紙に滲《にじ》む情の深さ、温かさ。姉への手紙にも、龍馬の繊細《せんさい》な感性と相手を気遣《づか》う思いやりがあふれています。明るくて、無私無欲、日本全体のゆく末を考え、皆の幸せを願って生きた龍馬の放った光は、時を超えて今も私たちを励《はげ》まし続けています。

また、二歳のときに病で聴力と視力を失い、話もできないという三重苦《さんじゅうく》を背負ったヘレン・ケラー（一八八〇～一九六六）にも「太陽の心」の輝きを見出《みいだ》すことができます。

手の感触《かんしょく》から、初めて「水」（water《ウォーター》）という言葉を体験したときのことを、彼女は、「凍《こお》りついた冬の世界に陽《ひ》がさすように、あの〝水〟という言葉が私の心の中に沁《し》みこんでいった」と語っています。また、「意識の太陽が、初めて私の頭上《ずじょう》に輝いたときの奇跡《きせき》」「生きていてよかった！」「世界には希望と愛と神があり、それ以外は問題ではありませんでした」とも、後《のち》に振り返っています。

ヘレン・ケラーは、日本を含む世界各地を訪れ、障害者だけでなく数多くの人々を励まし、婦人参政権や公民権運動などにも参加してあらゆる差別と闘《たたか》い続けました。

「真理の太陽はまだときれときれにしか人類の上に照《て》っていない」「私は愛が地上に神の国をうち建て、その隅《すみ》の親石《おやいし》は自由、真理、友情、奉仕《ほうし》であることを信じます」――。闇の中で、太陽の光を見、自らも太陽のような愛の心で人々を励まし、生涯《しょうがい》にわたって照《て》らし続けた彼女の魂からの言葉です。

◇本当の歓《よろこ》びを生きて他を励《はげ》ます

「太陽の心」に心惹《ひ》かれ、憧《あこが》れを抱《いだ》いている人はもちろんのこと、周囲を励ませるような明るさを身につけたいと思う人、リーダーシップを発揮《はっき》したいと思っている人はその心を必要としているでしょう。

では、その「太陽の心」をどのように育《はぐく》んでゆけばよいのでしょうか。

それには、まず、心に明るく輝《かがや》く「太陽」を思い描《えが》き、あらゆる存在に熱と光を与える「太陽の心」に想いを馳《は》せることから始めます。エネルギーを全方位《ぜんほうい》に与える「太陽」をイメージし、その「太陽」になった自分を想像して、「太陽の心」が全身に広がってゆくことを念じる、「太陽の心」の瞑想《めいそう》と呼ぶべき心の集中の時間を持つように心がけます（瞑想の方法については、巻末の付録1［一九〇頁］を参照）。

次に、何よりも、先に触れた「歓び」が必要です。どのようなことでも私たち自身が本当の「生きる歓び」を見出《みいだ》し、その「歓び」を抱いて輝くことが、「太陽の心」には不可欠《ふかけつ》なのです。

家族や友人たちと共に時を過ごすことで心から満たされ、自分自身の人生を生きることに意味を感じる。家庭での役割を果《は》たすことに生きがいを感じる。今、携《たずさ》わっている仕事に誇《ほこ》りを持っている。また、自分が興味を抱いているテーマがある。ボランティア活動にやりがいを見出している……。

このような気持ちの一つでも、それを抱いて日々を過ごすことができるとき、私たちは、仕事をする歓びや家族を支える歓び、奉仕《ほうし》活動をする歓び、大切な人たちとの友情を交《か》わす歓び……等々を感じることになるでしょう。

たとえ人生や生活の一部に対する歓びでも、それが真正《しんせい》のものなら、必ずあなた自身の全体を輝かせます。そして、やがてその輝きが、明るく、力強く、エネルギーにあふれる「太陽の心」につながってゆくのです。

ですから、まず私たちが向かうべきは、「自分の本当の歓びを見出す」ということです。一つのかけらでも、自分が本当にそれを歓びとして感じるものを探《さが》すこと――。その一つが二つになり、二つが三つになるように、生きる歓びを広げてゆく――。そして、それを確かめながら、日々を生きるということです。

そのうえで、「自分が生きる歓びを見出したらそれで十分」と、そこで閉じてしまうのではなく、「その歓びを今度は他の人たちに伝えてゆきたい」と考えるのです。

「太陽の心」は、それを抱く人がそこにいるだけで周囲の人たちが励まされたり、その人と一緒に仕事をすると元気になったり、智慧《ちえ》が降《お》りてきて道を開くことができたりします。

それだけ、人や場を励まし、力づけることを願うのが、「太陽の心」なのです。

ならば、その心を育むことを願うあなたは、自《みずか》らが関わる人たちや場を心から励ます一歩を具体的に踏み出してほしいのです。

例えば、毎朝、家庭の中であなたから元気に挨拶《あいさつ》をすることでもよいでしょう。クラスの中で独《ひと》りぼっちになっている人を見かけたら、笑顔で声をかけてみる。難《むずか》しい問題を抱《かか》えている職場なら、あなたからその問題を解決するための提案を積極的に試《こころ》みたり、あなたが縁《えん》になって皆がその問題について取り組める環境をつくったりする。問題があれば、それを解決しようと牽引《けんいん》し、困っている人がいれば、相談に乗る――。大切なことは、「この人を励ましたい、この場を励ましたい」という気持ちで新しい一歩を踏み出すことです。

あなたがそこにいることで、その人に関わることで、希望を現実につないでゆくための一歩が始まるなら、それはどれほど素晴らしいことでしょう。

そして、そのような一歩一歩を積み重ねてゆくことによって、私たちは「太陽の心」に少しずつ近づいてゆくのです。

「太陽の心」は、他の人たちの中に眠っている信頼感や挑戦の気持ちを蘇《よみがえ》らせて、それを共鳴《きょうめい》させる心です。周囲の人たちがそうした気持ちを思い出すほどの熱と光を、私たちは自分の中にまず蓄《たくわ》える必要があるのです。それは、決して不可能なことではありません。なぜなら、誰《だれ》の心にも、「太陽の心」が宿《やど》っているからです。そのことを信じて、本当の歓びを生きて、他を励ます歩みを重ねてゆきたいと思います。

「太陽の心」を育《はぐく》むエクササイズ

❶ **「太陽の心」の瞑想《めいそう》**　あらゆる生命にエネルギーを与え続ける「太陽」を心にイメージし、その「太陽」になった自分を思い描《えが》いて、「太陽の心」が身体《からだ》全体に広がってゆくことを念じる。

❷ **「本当の歓《よろこ》び」を見出《みいだ》す**　日々の中に、「生きる歓び」を見出し、その歓びを抱《いだ》いて生きることを心がける。

❸ **人や場を励《はげ》ます**　その歓びを今度は他の人たちに伝えてゆく。例えば、人や場を励まし、力づけることを願う。自分から元気に挨拶《あいさつ》したり、周囲から孤立している人に笑顔で声をかけてみたり、難《むずか》しい問題を抱《かか》えている職場なら、あなたからその問題を解決するための提案をしたりする。

あとがきにかえて「菩提心発掘《ぼだいしんはっくつ》」のさらなる手がかり

《一つの菩提心を選ぶことから》

私たち自身の中に眠っている、自《みずか》らの成長を願い、他の幸福と全体の調和を求める「菩提心」の12の姿。これらの中に、あなたが育《はぐく》みたいと思ったものがあるとすれば、ぜひそのイメージを心に深く刻《きざ》んで、その「発掘」に取り組んでみていただきたいと思います。例えば、本書の冒頭に掲《かか》げた12枚の自然の写真を繰《く》り返し眺《なが》めて心にイメージし、「12の菩提心」に親しんでゆくだけでも、「12の菩提心」への扉《とびら》を開くことができると思います。「はじめに」でも述べたように、私たちは、「12の菩提心」のすべてのかけらを抱《いだ》いています。願うならば、その輝《かがや》きのすべてを引き出すことができるのです。しかし、「12の菩提心」を全部同時に育もうとすると、かえって一つ一つがおろそかになりかねません。ですから、まずは一つか二つ、特に心に響《ひび》くものや、今自分に必要だと思われるものを選択して取り組むことをお勧《すす》めします。

そのために、菩提心を選ぶ一つの手がかりを、それぞれの章の、先人《せんじん》の事例の後に記《しる》させていただきました（例えば「月の心」ならば、二六頁をご覧《らん》ください）。

しかし、自分がどの「菩提心」を育むべきか、もっと確かな手がかりがほしいと思われる方もいらっしゃるかもしれません。

そこで、本書の最後に、私がこれまで長年にわたって探究してきた人間の「4つのタイプ」に基《もと》づいて、菩提心発掘の手がかりをお伝えしたいと思います。

《人間の「4つのタイプ」》

その「4つのタイプ」とは、「快《かい》・暴流《ぼうりゅう》」「快《かい》・衰退《すいたい》」「苦《く》・暴流《ぼうりゅう》」「苦《く》・衰退《すいたい》」というものです。これは、心が持つ傾向であり、様々な個性を見せる私たち人間を捉《とら》える座標《ざひょう》を示すものです（詳《くわ》しくは、拙著《せっちょ》『あなたが生まれてきた理由《わけ》』『新しい力』などをご覧《らん》ください）。

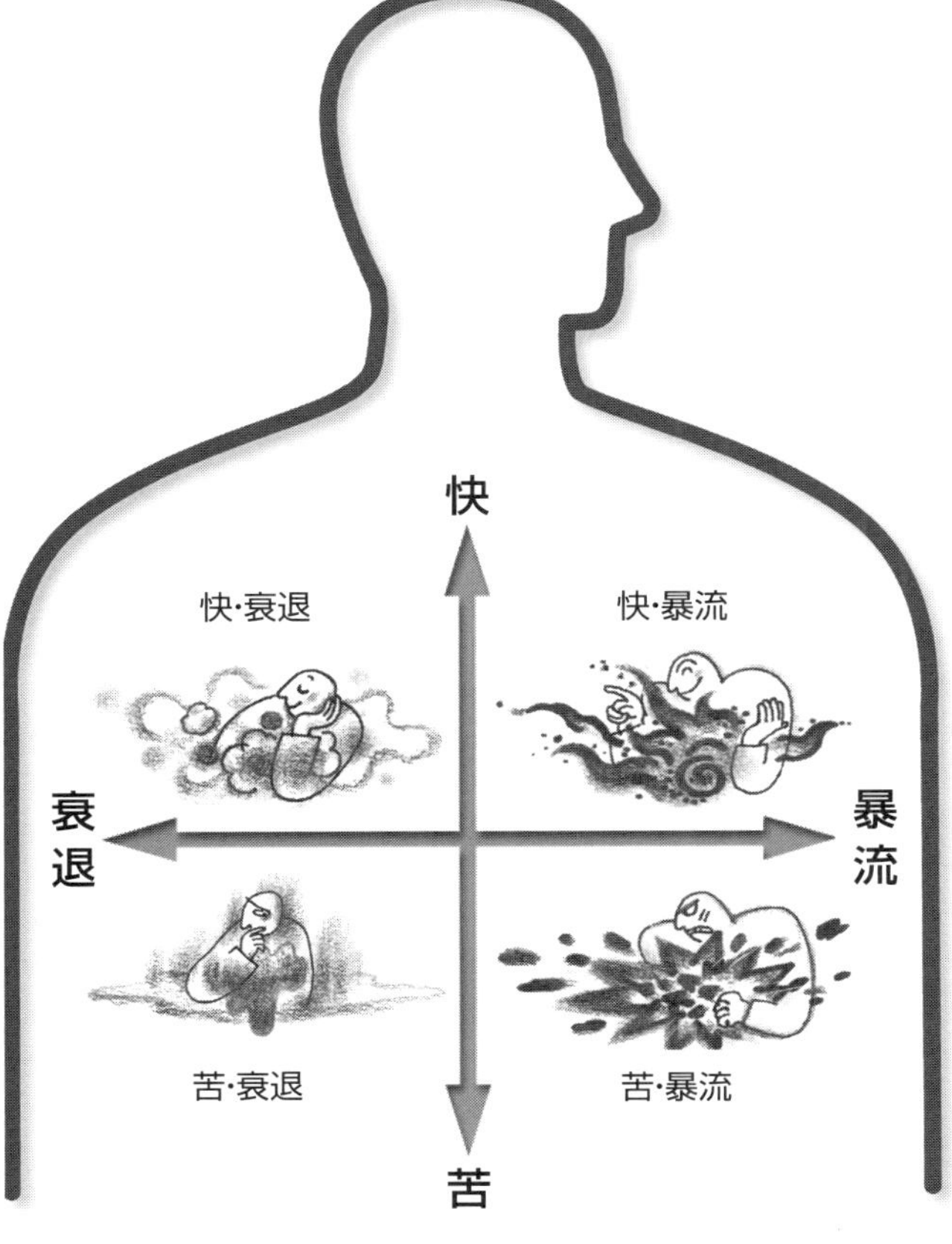

４つのタイプ

「快」と「苦」は、主として、心の受信の傾向を示しています。「自分は、わりとものごとを肯定的《こうてい》に捉える方だ」「どちらかと言えば楽観的に受けとめる」という人がいる一方で、「どうしても自分はものごとを否定的に捉えてしまう」「悲観的に受けとめてしまう」という人もいるでしょう。「快」は、肯定的、楽観的な受けとめ方であり、「苦」は、逆に否定的、悲観的な受けとめ方の傾向です。

そして、「暴流」と「衰退」は、主に、心の発信の傾向、行動の傾向を示しています。これも、激しい言動を示したり、エネルギッシュな行動を示す人がいる一方で、穏《おだ》やかでおとなしい言動を示す人がいます。「暴流」が積極的で激しく、外に向かってエネルギーを発散してゆこうとするのに対し、「衰退」は、消極的で穏やかに、内に向かってエネルギーを収束《しゅうそく》させてゆこうとするという傾向を示すのです。

すなわち、「快・暴流」は、ものごとを楽観的に受けとめ、積極的に行動してゆくタイプで、自信家でエネルギッシュな人の傾向です。

「快・衰退」は、ものごとを楽観的に受けとめ、融和《ゆうわ》的に考えて行動してゆくタイプで、暢気《のんき》で柔和《にゅうわ》な人の傾向です。

「苦・暴流」は、ものごとを悲観的に受けとめ、攻撃的に考え行動してゆくタイプで、厳格《げんかく》で気むずかしい人の傾向です。

「苦・衰退」は、ものごとを悲観的に受けとめ、消極的に考え行動してゆくタイプで、おとなしく引っ込み思案《じあん》な人の傾向です。

これだけでも、ご自分の傾向について、どのタイプになるか、およその見当をつけることができるのではないでしょうか。

さらにご自身のタイプ、心の傾向を確かめたい方は、巻末の付録2「自己診断チャート」（一九四頁）にお取り組みください。

《「4つのタイプ」には発掘《はっくつ》すべき「菩提心《ぼだいしん》」がある》

さて、「4つのタイプ」が示すのは、私たちはそれぞれが成長途中、発展途上《とじょう》であるということです。人間として、人生を経験している魂《たましい》の存在として、誰《だれ》もが未熟さ、不足を抱《かか》えている存在です。それぞれにとって、特に見失いがちな「菩提心」があり、逆に、その「菩提心」を育《はぐく》むことで、私たちは一段と成長してゆくことができ、多くの事態に応《こた》え、多くの人々を助けることができるようになるのです。

例えば、自信家でエネルギッシュな「快《かい》・暴流《ぼうりゅう》」の方は、自分に対する評価が高過ぎる傾向にあり、そのため他の方のために見えないところで尽《つ》くす「月の心」や、恩恵《おんけい》に応える「稲穂《いなほ》の心」、他の痛みに応《こた》える「観音《かんのん》の心」を見失いがちです。つまり、もっと成長し、深化《しんか》するためにそれらの心を必要としているわけです。

同じように暢気《のんき》で柔和《にゅうわ》な「快《かい》・衰退《すいたい》」の方は、知らない間に現状肯定《こうてい》、自己満足に陥《おちい》ってしまいます。もし、完全燃焼《ねんしょう》する「火の心」や、道なきところに道を切り開く「泉の心」、めざすべき場所にまっすぐに向かう「風の心」が育まれたなら、大きく成長できるでしょう。

また、厳格《げんかく》で気むずかしい「苦《く》・暴流《ぼうりゅう》」の方は、他人《ひと》の不足を責めてしまい、場を壊《こわ》してしまいがちです。それは、つまり、もし何ものにもとらわれず自由な「空《そら》の心」や、こだわりやとらわれを浄化《じょうか》して流し去る「川の心」、様々な違いを包容《ほうよう》できる「海の心」を育むことができれば、大きな成長と深化《しんか》が約束されるでしょう。

おとなしく引っ込み思案《じあん》な「苦《く》・衰退《すいたい》」の方は、ものごとをあまりに否定的、悲観的に

快・衰退	快・暴流
火の心 泉の心 風の心	月の心 稲穂の心 観音の心
苦・衰退	**苦・暴流**
山の心 大地の心 太陽の心	空の心 川の心 海の心

4つのタイプが発掘すべき菩提心

捉えて、何ごともすぐにあきらめてしまう傾向があります。もしそこに、いかなる試練にも揺《ゆ》らぐことのない「山の心」や、あらゆる存在の可能性を引き出す「大地の心」、他を励《はげ》まして自《みずか》らを与え続ける「太陽の心」を育むことができたらどうでしょう。きっと見違えるような現実を手にすることができるのではないでしょうか。

以上をまとめたものが前頁の図です。

《「菩提心《ぼだいしん》」の共鳴《きょうめい》をめざして》

これは、言わば、それぞれのタイプにとって、足《た》りない心の筋肉としての「菩提心」を教えるものです。そして、これらの「菩提心」を一つまた一つと育《はぐ》んでゆくとき、私たちは、自分自身を確実に成長させてゆくことができるのです。しかもその歩みは、足りない心の筋肉を成長させるだけでなく、今度は、私たち自身の魂《たましい》がもともと抱《いだ》いていた本質としての「菩提心」の輝《かがや》きを発し始めることができるようになるのです。この魂の本質としての菩提心を、私は「大《だい》菩提心」と呼んでいます。

一つ一つの菩提心から大菩提心へ——。それこそ、私たちが、それぞれの人生に託《たく》した魂としての願いに近づく歩みであると私は考えています。

もちろん、この図によるだけでなく、読者がそれぞれに、今必要だと強く感じる「菩提心」を深めてゆくことも、ぜひ大切にしていただきたいと思います。

あなたの「菩提心」は発掘《はっくつ》されることを待っています。あなたが、内なる菩提心の発掘に取り組まれ、その輝きを世界に放《はな》つことが待たれているのです。

そして「菩提心」の輝きが強まるとき、私たちは、自らの本体である魂の願いを生きることができるようになります。それは、私たち自身がこの世界に生まれてきた理由を生きることであり、人生に託された目的と使命を果《は》たすことなのです。

一人ひとりの菩提心の輝きが互いに響《ひび》き合い、共鳴して、私たちの時代に、私たちの世界に広がってゆくことを、私は願ってやみません。

菩提心の共鳴をめざして、始まりの一歩を踏み出そうではありませんか。

●付録〈1〉●

「12の心」の瞑想《めいそう》の方法

「瞑想」は、心に一つの集中状態を導《みちび》いて、世界を貫《つらぬ》いている指導原理（すべての存在を生かし育《はぐく》み、支えているエネルギーの流れ）に共振《きょうしん》してゆくことをめざしています。日々、降《ふ》りかかってくる様々な出来事の中で、また仕事や人間関係によって、一喜一憂《いっきいちゆう》し、乱高《らんこう》下《げ》を繰《く》り返している私たちの心を安定させることで、私たちはものごとに対する高い集中状態を導くことができるのです。

「12の心」の瞑想の方法は、「調身《ちょうしん》」「調息《ちょうそく》」「調心《ちょうしん》」を基本に取り組みます。

「調身」とは、姿勢を整《ととの》えることで、足を組んだり、椅子《いす》に座ったりして、自然に背筋を伸ばして安定した姿勢を保《たも》つことが重要になります。正式には、結跏趺坐《けっかふざ》や半跏趺坐《はんかふざ》という足を組んだ姿勢を取りますが、背筋を伸ばして安定した姿勢が保てるなら、椅子に座っても大丈夫です（次頁の図を参照）。まなざしを整えることも「調身」です。目は、軽く閉じるか、半眼《はんがん》を保ちます。半眼とは、目を薄《うす》く開けて数メートル前方に視線を落とす

[結跏趺坐《けっかふざ》]

一方の足をもう一方の腿《もも》の上に載《の》せ、反対の足をもう一方の腿の上に載せます。

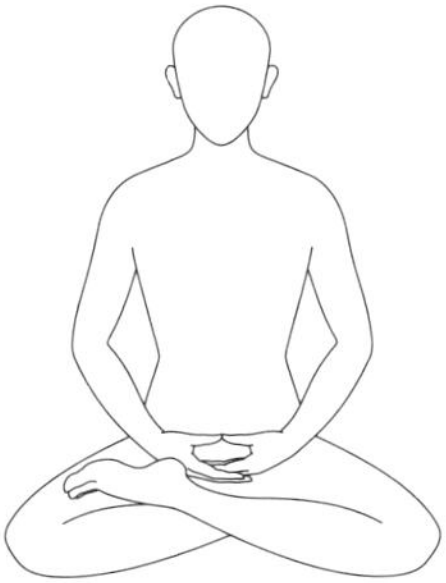

[半跏趺坐《はんかふざ》]

片足だけをもう一方の腿《もも》に載せます。その場合は、下にくる足をできるだけ奥へ入れ、踵《かかと》が太腿の付け根近くに来るようにします。

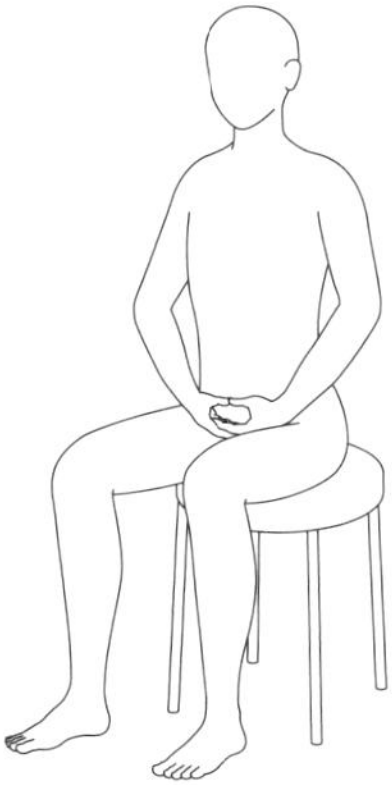

[椅子《いす》の場合]

やや浅めに腰掛けて、背もたれにはもたれないようにします。身体的に無理がある場合は、できる範囲でかまいません。

まなざしですが、近くの一点を凝視《ぎょうし》するのではなく、遠くを眺《なが》めるようなまなざしを保って、自分を中心に辺《あた》り全体、さらに世界全体を感じようとすることが肝要《かんよう》です。それはまた、外を感じながら内を感じ、内を見ながら外を見ることができるまなざしです。

次の「調息」は、呼吸を整えることです。人は気持ちが落ち着かないとき、せわしない呼吸をしたり、乱れた呼吸になったりすることが少なくありません。瞑想の際は、ゆったりと静かに、吐《は》く息にアクセントを置いて、腹式《ふくしき》で呼吸します。私たちの意識の状態は、息を吐いているときに安定し、深まってゆきます。

最後の「調心」は、心を整えることです。心の整え方には、いくつかの方法がありますが、「12の心」の瞑想では、一つのイメージを念じ、心に集中状態をつくることで整えてゆきます。

本書を読み進める中で、私たちは、「月」「火」「空《そら》」「山」などの「12の菩提心《ぼだいしん》」の象徴に対するイメージを深めますが、その「月」「火」「空」「山」などのイメージを、先に示した姿勢と呼吸を保ちながら、心にありありと描《えが》くことから始めます。

次に、自分自身がその「月」や「火」になったことをイメージします。今まで私たちは、

「月」や「火」を自分の外にある対象として見たり、考えたりしてきたわけですが、ここでは、自分をそちらに預《あず》けて、なりきることを想像します。「月」であれば、夜空に浮かぶ「月」＝自分が、地上の人々、街《まち》や村をひっそりと優《やさ》しい光で照《て》らしていることを思い描《えが》くのです。

そして、本書に描かれた「月の心」や「火の心」を自分の心に重ね合わせてゆきます。これまでほとんど体験したことのない気持ちでも、「月の心」に示されたものであれば、あたかもそれが自分の中から湧《わ》き上がってくるようにイメージしてゆきます。

例えば、縁《えん》ある方々を陰《かげ》で支えたいと思う「月の心」に自分の気持ちを重ねて、その方々のことを様々に思ってゆきます。また「もし、自分が『月』になったら、どんな気持ちで地上の人々を見守るのだろうか」などというように様々にイメージしてみるのです。

そのようにして、それぞれの章に描《えが》かれた「月の心」「火の心」「空の心」「山の心」などが私たち自身の身体《からだ》全体に広がってゆくことを念じてゆくのです。ぜひ、本書に描かれた「12の心」の一つ一つに親しみ、それと一つになる瞑想の時間を持っていただければと思います。

●付録◇2◇●

自己診断チャート――あなたが育《はぐく》むべき菩提心《ぼだいしん》とは

本書を読み進む中で、「さあ、私はどの菩提心を育んだらよいのだろうか」と思われた方もいらっしゃるでしょう。

「あとがきにかえて」でも触《ふ》れたように、あなたが「4つのタイプ」の中のどのタイプかがわかれば、自《おの》ずと、育むべき菩提心も明らかになります（一八七頁の図を参照）。そしてその菩提心を育んでいったとき、あなたの中に眠っていた輝《かがや》きが引き出され、きっとあなたの人生は大きく転換してゆくことでしょう。

自分自身のタイプを摑《つか》むための手がかりとして、次の自己診断チャートに取り組んでみてください。まず、左記の項目の中から、自分によく当てはまると思う項目は、□の中にチェック（✓）を入れてください。次に、印がつけられたボックスの数を縦《たて》に集計し、一番下の欄《らん》に、その合計を記入します。

自己診断チャート

		A	B	C	D
1	人から耳に痛いことを言われ、それが理不尽《りふじん》であると感じると、怒ったり、開き直ったりする癖《くせ》がある。		□		
2	自分の人生は「それなりのものである」と胸を張れる。	□			
3	何かあると、すぐに落ち込んでしまう。			□	
4	問題がないことが重要であり、無風であることが平和であると思う。				□
5	自分の人生を振り返ると、様々な後悔の想いが湧《わ》いてくる。			□	
6	自分がやりたいようにやりたい。	□			
7	父や母に対して許せない想いがある。		□		
8	自分の人生を振り返って、「とりあえず平和な人生だった」と思う。				□
9	自分は「やり手」であると思う。	□			
10	人から「ボーッとしている」と言われることがある。				□
11	すぐに理不尽な気持ち(被害者意識)に襲《おそ》われる。		□		
12	「人から何か言われるのではないか」といつもびくびくしている。			□	
13	「自分は温厚《おんこう》な性格である」と思っている。				□
14	失敗することが怖《こわ》いので、逃げてしまうことが多い。			□	
15	自分の立場が上がったり、世間に認められたりすることに、強い手応《てごた》えと充実を感じてきた。	□			
16	「どうせ人間には表と裏がある」という気持ちが強い。		□		
17	人から「怖い」とよく言われる。		□		
18	「自分にさせてくれればもっとできるのに」とよく思う。	□			
19	「一生懸命《いっしょうけんめい》ならば、できなくても仕方《しかた》がない」と思う。			□	
20	人から嫌《きら》われることが嫌《いや》なので、率直《そっちょく》に意見することができない。				□
21	人に負けるのは絶対に嫌である。	□			
22	人生を振り返ってどうしても許せない人がいる。		□		
23	いつも自分を守ってくれる人がいた。				□
24	「自分はどうしようもない」と自己否定してしまう。			□	
25	「どうせできない。自分なんか」と、最初からあきらめてしまうことが多い。			□	
26	何かを実現することよりも、皆が「和気《わき》あいあいとして楽しいこと」が重要である。				□
27	歴史上の人物(英雄、天才、奇才……)にあこがれる。	□			
28	「怒り」がたやすく態度に現れてしまう。		□		
29	いつも自分中心でないと気持ちが悪い。	□			
30	「屈しないことが強いことである」と思う。		□		
31	「自分はそれほど物事に強くとらわれない」と思っている。				□
32	「迷惑をかけるくらいなら、何もしない方がましである」と思う。			□	
	計				

最後に、その結果を一九七頁の集計シートに書き入れます。7点〜8点には◎、5点〜6点には○、3点〜4点には△、2点以下は空白としてください。

点数が高くなるにつれてその傾向が顕著《けんちょ》であると考えられます。○は強い傾向、◎はより強い傾向と受けとめる必要があります。あなたには、どのような心の傾向が強く現れているでしょうか。

なお、携帯電話を使用して取り組むこともできます。
下記のURLに直接アクセスしていただくか、
または、QRコードを読み取ってアクセスしてください。

http://jsindan.net/

A	快・暴流	
B	苦・暴流	
C	苦・衰退	
D	快・衰退	

7〜8点…◎
5〜6点…○
3〜4点…△
0〜2点…空白

自己診断チャート集計シート

◎参考文献

『快人エジソン——奇才は21世紀に蘇る』(浜田和幸著、日本経済新聞社)
『風の世界』(吉野正敏著、東京大学出版会)
『カーネギー自伝』(アンドリュー・カーネギー著、坂西志保訳、中公文庫)
『漢詩の名句・名吟』(村上哲見著、講談社現代新書)
『ギリシア・ローマ神話』(ブルフィンチ著、野上弥生子訳、岩波書店)
『坂本龍馬全集』(平尾道雄監修、宮地佐一郎編集・解説、光風社出版)
『澤田美喜——黒い肌と白い心　サンダース・ホームへの道』(澤田美喜著、日本図書センター)
『司馬遼太郎の日本史探訪』(司馬遼太郎著、角川文庫)
『杉田玄白　平賀源内　司馬江漢』(芳賀徹責任編集、中央公論社)
『竹取物語』(中河與一訳注、角川文庫)
『念彼観音力——観音菩薩と観音経』(金岡秀友著、太陽出版)
『ファラデー——王立研究所と孤独な科学者』(島尾永康著、岩波書店)
『仏弟子の告白——テーラガーター』(中村元訳、岩波文庫)
『ヘレン・ケラー　光の中へ』(ヘレン・ケラー著、鳥田恵訳、高橋和夫監修、めるくまーる)
『マイケル・ファラデー——科学をすべての人に』(オーウェン・ギンガリッチ編集代表、コリン・ラッセル著、須田康子訳、大月書店)
『宮沢賢治』(山内修編著、河出書房新社)
『リンカーン——南北分裂の危機に生きて』(井手義光著、清水書院)
『蝋燭の焔』(ガストン・バシュラール著、渋澤孝輔訳、現代思潮新社)

◎本書の内容をさらに深く知りたい方へ

本書『12の菩提心』の内容をさらに深く理解したいと思われる方には、高橋佳子氏が提唱する「魂の学」を学び実践する場、GLAがあります。詳しくは下記までご連絡ください。

GLA
〒111-0034　東京都台東区雷門2-18-3　Tel.03-3843-7001
https://www.gla.or.jp/

また、高橋佳子氏の講演会が、毎年、全国各地で開催されています。詳しい開催概要等につきましては、下記の連絡先までお問い合わせください。

高橋佳子講演会実行委員会
お問い合わせ専用ダイヤル Tel.03-5828-1587
https://www.keikotakahashi-lecture.jp/

著者プロフィール

高橋佳子（たかはしけいこ）

現代社会が抱える様々な課題の根本に、人間が永遠の生命としての「魂の原点」を見失った存在の空洞化があると説き、その原点回復を導く新たな人間観・世界観を「魂の学」として集成。誰もが、日々の生活の中でその道を歩めるように、実践の原則と手法を体系化している。現在、「魂の学」の実践団体GLAを主宰し、講義や個人指導は年間300回以上に及ぶ。あらゆる世代・職業の人々の人生に寄り添い、導くとともに、日本と世界の未来を見すえて、21世紀の新しいリーダー育成のために「トータルライフ（TL）人間学セミナー」を1996年より毎年開催し、経営・医療・教育・法務・福祉・芸術など、様々な分野の専門家への指導にあたる。魂の次元から現実の問題を捉える卓越した指導は、まさに「人生と仕事の総合コンサルタント」として、各方面から絶大な信頼が寄せられている。1992年から一般に向けて各地で開催する講演会には、これまでに延べ170万人が参加。著書は『もう1人の自分』『人生を取り戻す』『2つの扉』『ゴールデンパス』『自分を知る力』『最高の人生のつくり方』『運命の逆転』『1億総自己ベストの時代』『魂の冒険』『新・祈りのみち』（以上、三宝出版）など90冊を超える。

12の菩提心——魂が最高に輝く生き方

2008年10月24日　初版第1刷発行
2024年6月26日　初版第11刷発行

著　者　高橋佳子
発行者　田中圭樹
発行所　三宝出版株式会社
〒111-0034　東京都台東区雷門2-3-10
電話　03-5828-0600
https://www.sampoh.co.jp/
印刷所　株式会社アクティブ
装　幀　田形斉［IRON MAMA co.ltd］
写　真　KEI OGATA

ISBN978-4-87928-056-5